GNU Linux Ubuntu 10.04 LTS Server Edition

Small Business Server

Guida passo passo alla realizzazione di un
sistema efficiente moderno e completo adatto
alla scuola e alla piccola e piccolissima impresa

Seconda Edizione

Stefano Giro

L'Autore

Stefano Giro è un libero professionista informatico che svolge la sua attività di sistemista, programmatore e consulente presso piccole e medie aziende friulane.

Il suo blog, da cui è tratto in parte il materiale di questo libro, è consultabile all'indirizzo:

http://www.stenoit.com

ISBN 978-1-4466-4716-5

Seconda edizione : Ottobre 2010

Indice

Capitolo 1
Operazioni preliminari   21

Capitolo 2
Il comando sudo   27

Capitolo 3
SSH Server   31

Capitolo 6
Firewall Server   67

Capitolo 7
LAMP Server   75

Capitolo 8
File Server 81

Capitolo 9
Mail Server   125

Capitolo 10
Proxy Server   159

Capitolo 11
Time Server 181

Capitolo 12
Snapshot Backup 183

Capitolo 13
Instant Messaging Server   201

Capitolo 14
Fax Server   233

Capitolo 15
VPN Server   245

Capitolo 16
Conclusioni 259

Introduzione

Lo scenario di una scuola o di una piccola o piccolissima azienda dove il desiderio di risparmiare senza sacrificare la sicurezza o l' efficienza è un bisogno primario, diventa il terreno perfetto per soluzioni basate su GNU Linux, un sistema operativo di larghissima diffusione nella rete delle reti e dalla comprovata efficienza, sicurezza e scalabilità.

Non che Linux non sia adatto ad aziende di dimensioni più grandi, beninteso, ma in questo caso gli scenari variano di molto, e le esigenze di virtualizzazione o integrazione con sistemi esistenti pure.
Tuttavia non esiste un limite software al numero di utenti che possiamo servire, siano anche un centinaio o un migliaio. Quello che cambia è l'approccio al problema, ad esempio dovremo sicuramente suddividere i servizi su più server e perdere maggior tempo sul tuning iniziale per garantire efficienza. Attenzione però: all'aumentare della complessità subentrano altri fattori, quali la crescente difficoltà di gestione che potrebbe rendere non adatta una soluzione perfetta, invece, per più piccoli gruppi di lavoro.
Ma non ce ne preoccupiamo qui. Il nostro target sono installazioni che possono avere dai 2 ai 20, o giù di lì, posti di lavoro dove le esigenze sono moderate e dove sarà apprezzato il fatto che non faremo spendere nulla al committente, se non il nostro giusto compenso.

Quale distribuzione Linux usare ?

La risposta che più otterremo in questi caso sarà del tipo: *"quella con cui ti trovi meglio"*, oppure: *"quella che ti è più simpatica"* o ancora: *"quella che ti è più comoda"*. D'altronde i software utilizzati sono sempre gli stessi e *"distroagnostici"*, un termine astruso per indicare che in genere non prediligono alcuna distribuzione particolare.
Tuttavia, in questo caso, meglio non esagerare: un mio personale consiglio è di fermarci alle più diffuse che possono essere Ubuntu, Debian, CentOS, RedHat, SLES o openSuse in quanto ci danno più garanzia di aggiornamenti efficaci e di una considerevole mole di documentazione online.

In questa seconda edizione utilizzeremo il big della classifica di distrowatch: **Ubuntu 10.04** in versione **Server Long Term Support (LTS)**, uscita nell'aprile 2010 e che come tale ci assicura aggiornamenti fino al 2015. Ma attenzione: qui non useremo alcuna "facility" per configurare ed installare i vari servizi, il nostro strumento principe sarà quasi esclusivamente *la shell di sistema bash*.

Considero *necessario* questo approccio per imparare a gestire in modo professionale un server Linux. Dopo aver imparato ad usare questo forse primitivo sistema, potremmo anche decidere di usare una bellissima GUI con le icone animate se ci fa piacere. Ma qualora questa non fosse disponibile dovremmo essere comunque in grado di cavarcela lo stesso, e per farlo l'unica cosa di cui avremo bisogno sarà una connessione shell con un bel prompt lampeggiante.

Efficace anche se ci troviamo dalla parte opposta del mondo.

Buona lettura e buona installazione.

Stefano Giro.

Contenuti

Ecco cosa andremo a realizzare seguendo la guida capitolo per capitolo. I servizi proposti sono spesso legati tra di loro, quindi potrebbe non essere possibile realizzare un singolo servizio senza gli altri collegati.

Ad esempio non possiamo installare una Webmail se non installiamo anche un server LAMP, come non ci è possibile realizzare il File Server come proposto se non dopo aver seguito la guida LDAP.

In generale possiamo dire che almeno *LDAP Server è indispensabile*, in quanto tutti i servizi che richiedono autenticazione useranno una comune base utenti memorizzata sul suo albero sia che si opti per la soluzione interna *OpenLDAP* che per quella esterna *Active Directory*.

Ho cercato, quando possibile, di non scendere troppo in tecnicismi ma nello stesso tempo cercando di non essere troppo banale. A volte sono sceso un po' di più in profondità a volte meno. Quello che consiglio, e non mi stancherò di ripeterlo strada facendo, è che qualora vi fossero punti oscuri deve essere considerato doveroso dotarsi di documentazione aggiuntiva e maggiormente dettagliata, specie quando abbiamo a che fare con servizi che devono garantire un livello minimo di sicurezza.

Capitolo 1 – Operazioni Preliminari

Prima di iniziare è necessario predisporre la macchina e capire le convenzioni usate nella guida. In questo libro non viene spiegato come installare Ubuntu Server e leggendo questo capitolo si comprendono i prerequisiti necessari per poter usare questa guida.

Capitolo 2 – Il comando sudo

Cenni sul funzionamento e sullo scopo del comando sudo, il motivo per cui è stato adottato e pregi e difetti rispetto al modello tradizionale con *root* e *su*.

Capitolo 3 – SSH Server

Installare il servizio *Secure Shell* è necessario per le operazioni di installazione e gestione del server e delle workstation da remoto.

Capitolo 4 – LDAP Server

Il server LDAP è il fulcro attorno a cui orbitano tutti i servizi proposti su questa guida. Sarà depositario degli account utente, e tutti i servizi si appoggeranno ad esso per l'autenticazione. Indispensabile per realizzare un *Single Signon*, ed avere un'unica base dati per utenti e password. In questo capitolo verrà mostrato sia come dotarsi di un server LDAP autonomo utilizzando OpenLDAP, sia come fare per appoggiarci ad un servizio esterno e diffusissimo come Active Directory di Microsoft.

Capitolo 5 – DNS & DHCP Server

Un semplice servizio di *Caching DNS e DHCP* per fornire in modo trasparente ai PC della nostra rete sia gli indirizzi IP che la risoluzione degli stessi. Indispensabile. Verranno mostrate due soluzioni alternative, la più semplice *dnsmasq* e la più completa accoppiata *Bind & DHCPD*.

Capitolo 6 – Firewall Server

La sicurezza è importante. Qui impareremo a configurare il nostro server perché controlli il traffico tra la nostra rete privata e internet.

Indispensabile a molti servizi e assolutamente impossibile da ignorare.

Capitolo 7 – LAMP Server

Per poter fornire servizi particolari (ad esempio Webmail) è necessario avere a disposizione un Webserver con database e supporto PHP (LAMP). In questo capitolo impareremo ad installarne uno semplice ma funzionale ai nostri scopi.

Capitolo 8 – File Server

Questa è una delle parti più importanti e uno dei motivi "principi" per cui viene installato un server in azienda. Qui ne realizzeremo uno completo di autenticazione sia verso OpenLDAP che verso Active Directory. Vedremo anche come risolvere alcuni problemi e casi particolari che possono presentarsi quando si realizzano soluzioni di questo tipo.

Capitolo 9 – Mail Server

Qui impareremo a realizzare un servizio completo SMTP, POP3, IMAP e Webmail per dotare la nostra rete di un moderno servizio di posta elettronica completo di filtri antispam e antivirus.

Capitolo 10 – Proxy Server

Il controllo della navigazione su internet è importante. Seguendo questo capitolo realizzeremo un servizio di *Proxy caching* per velocizzare la navigazione, completo di autenticazione utente integrata con Samba/LDAP e Active Directory, controllo sui siti visitati e configurazione automatica dei browser con WPAD.

Capitolo 11 – Time Server

Un semplice servizio per sincronizzare data e ora su tutta la rete prelevandole da internet.

Capitolo 12 – Snapshot Backup
Il salvataggio dei dati è importante. Qui vedremo e capiremo come realizzare una soluzione moderna, veloce ed efficiente di Backup usando solo strumenti software già inclusi nel sistema operativo e supporti economici come dischi esterni USB.

Capitolo 13 – Instant Messaging Server
I servizi chat dilagano nella rete, e stanno pure diventando utili in certi casi. In questo capitolo vedremo un paio di soluzioni su come realizzare un server privato ma all'occorrenza facilmente integrabile con quelli esistenti su Internet. Il tutto sempre sfruttando la nostra base utenti aziendale su OpenLDAP o Active Directory.

Capitolo 14 – Fax Server
Nonostante molti pensino che il fax sia uno strumento di comunicazione antiquato, alla prova dei fatti questo non risulta vero. In ambito aziendale un servizio di questo tipo è ancora usato moltissimo e noi non possiamo ignorarlo.

Capitolo 15 – VPN Server
In questo capitolo impareremo a configurare un servizio VPN in modo basilare per permettere a collaboratori esterni di accedere in modo sicuro attraverso una connessione protetta ai nostri servizi. Il tutto da remoto attraverso Internet come fossero seduti accanto a noi.

Capitolo 16 – Conclusioni
Riflessioni, ringraziamenti e links ai siti ufficiali dei software utilizzati.

1

Operazioni preliminari

Questa guida contiene informazioni su come installare e configurare diversi servizi su Ubuntu Server 10.04 LTS allo scopo di realizzare un piccolo server efficiente e moderno. È una guida passo-passo, orientata verso i processi per configurare e personalizzare il sistema. Le varie sezioni non vanno necessariamente eseguite in ordine ma secondo esigenza.

Prerequisiti :

- ✓ l'installazione di base di Ubuntu Server 10.04 è stata fatta senza selezionare nessun servizio aggiuntivo quando ci viene richiesto. Se abbiamo qualche dubbio possiamo seguire la guida ufficiale che troviamo sul sito di Canonical.
- ✓ Disponiamo di due adattatori di rete: uno collegato alla nostra rete interna e uno al router xDSL.
- ✓ Una connessione ad internet funzionante.
- ✓ Una conoscenza basilare di Ubuntu o Linux in genere e degli argomenti trattati.

Questa NON è una guida completa ai servizi utilizzati, per approfondirne la conoscenza vi rimando alle guide ufficiali dei pacchetti stessi. Lo scopo principale è dare una traccia da seguire, le possibili combinazioni sono talmente tante che è praticamente impossibile trattare ogni singola esigenza.

Ribadisco che non verrà utilizzata nessuna GUI per configurare il sistema, utilizzeremo *solo una shell bash,* in questo modo avremo il

grande vantaggio di poter amministrare e risolvere gran parte dei problemi del nostro server anche da remoto.

Per ultimo un consiglio, anche se sembrerà una cosa ovvia lo voglio
sottolineare: cerchiamo di capire almeno a grandi linee quello che stiamo facendo senza limitarci ad un *copia & incolla* dei comandi. Se ad
esempio seguiamo la guida relativa ai servizi DNS o LDAP almeno do-
cumentiamoci prima su cosa diavolo siano. Se installiamo un server in
una azienda non capendo gli argomenti trattati, alla prima difficoltà non
sapremo che pesci pigliare e malediremo il momento in cui abbiamo deciso di usare Linux.

Preparare il sistema

Convenzioni

- ✔ eth0 è la scheda ethernet collegata a internet (o alla WAN). Ha
  un indirizzo IP statico (indispensabile per il Mail Server) o
  assegnato dal provider con DHCP. Qui assumiamo che sia,
  212.239.29.208 con gateway 212.239.29.10 e netmask
  255.255.255.0.
- ✔ 192.168.20.0/24 è la rete interna
- ✔ eth1 è la scheda ethernet collegata alla nostra LAN interna e
  dotata di indirizzo IP statico 192.168.20.1.
- ✔ il nostro server si chiam *sbs*
- ✔ il nostro dominio è *stenoit.com*
- ✔ il nostro utente amministrativo è *sbsadmin*

Aggiornamento pacchetti

Prima di iniziare rendiamo la nostra installazione aggiornata alle ultime
versioni dei pacchetti disponibili.

Dalla shell lanciamo i comandi di aggiornamento:

```
sudo apt-get update
sudo apt-get upgrade
```

Pacchetti aggiuntivi

Ci sono dei pacchetti utili che è meglio installare. Per me sono stati
questi:

```
sudo apt-get install sysv-rc-conf mc joe build-essential pkg-config
```

Dominio e risoluzione

Modifichiamo il file */etc/resolv.conf* dove definiamo il dominio e i DNS.

```
sudo nano /etc/resolv.conf
```

E mettiamoci questo, i DNS specificati sono quelli molto usati e veloci di OpenDNS. Possiamo, in alternativa, usare quelli del nostro provider.

```
search stenoit.com
domain stenoit.com
nameserver 208.67.222.222
nameserver 208.67.220.220
```

File hosts

Sistemiamo il file */etc/hosts* in modo che localmente venga risolto il nome del server:

```
sudo nano /etc/hosts
```

Facendolo diventare così:

```
127.0.0.1        localhost
192.168.20.1     sbs sbs.stenoit.com stenoit.com
```

Configurazione schede di rete

Configuriamo le nostre schede di rete come da convenzione. Per far questo editiamo il file:

```
sudo nano /etc/network/interfaces
```

Dovremmo vedere qualcosa del genere:

```
# This file describes the network interfaces available on your system
# and how to activate them. For more information, see interfaces(5).

# The loopback network interface

auto lo
iface lo inet loopback
# The external network interface
auto eth0
iface eth0 inet dhcp
```

in questo momento ad *eth0* l'indirizzo IP viene assegnato dinamicamente, mentre noi vogliamo che entrambe le interfacce di rete del server ne abbiano uno di fisso.

Commentiamo le righe relative ad eth0 e aggiungiamo quanto segue:

```
# The primary network interface
#auto eth0
#iface eth0 inet dhcp
```

```
# Interfaccia esterna
auto eth0
iface eth0 inet static
        address 212.239.29.208
        netmask 255.255.255.0
        network 212.239.29.0
        broadcast 212.239.29.255
        gateway 212.239.29.10

# Interfaccia interna
auto eth1
iface eth1 inet static
        address 192.168.20.1
        netmask 255.255.255.0
        network 192.168.20.0
        broadcast 192.168.20.255
```

Senza riavviare ora disabilitiamo le interfaccie:

```
sudo ifdown eth0
sudo ifdown eth1
```

Riabilitandole subito dopo:

```
sudo ifup eth0
sudo ifup eth1
```

Oppure, più semplicemente, possiamo ottenere lo stesso risultato riavviando i servizi di rete:

```
sudo /etc/init.d/networking restart
```

Ora con il comando:

```
ifconfig
```

dovremmo ottenere qualcosa del genere:

```
eth0      Link encap:Ethernet  HWaddr 00:0c:29:43:47:dd
          inet addr:212.239.29.208 Bcast:212.239.29.255  Mask:255.255.255.0
          inet6 addr: fe80::20c:29ff:fe43:47dd/64 Scope:Link
          UP BROADCAST RUNNING MULTICAST  MTU:1500  Metric:1
          RX packets:33651 errors:0 dropped:0 overruns:0 frame:0
          TX packets:20315 errors:0 dropped:0 overruns:0 carrier:0
          collisions:0 txqueuelen:1000
          RX bytes:45577333 (43.4 MB)  TX bytes:1597438 (1.5 MB)
          Interrupt:17 Base address:0x2000

eth1      Link encap:Ethernet  HWaddr 00:0c:29:43:47:e7
          inet addr:192.168.20.1  Bcast:192.168.20.255  Mask:255.255.255.0
          inet6 addr: fe80::20c:29ff:fe43:47e7/64 Scope:Link
          UP BROADCAST RUNNING MULTICAST  MTU:1500  Metric:1
          RX packets:0 errors:0 dropped:0 overruns:0 frame:0
          TX packets:6 errors:0 dropped:0 overruns:0 carrier:0
          collisions:0 txqueuelen:1000
```

```
        RX bytes:0 (0.0 B)  TX bytes:468 (468.0 B)
        Interrupt:18 Base address:0x2080

lo      Link encap:Local Loopback
        inet addr:127.0.0.1  Mask:255.0.0.0
        inet6 addr: ::1/128 Scope:Host
        UP LOOPBACK RUNNING  MTU:16436  Metric:1
        RX packets:0 errors:0 dropped:0 overruns:0 frame:0
        TX packets:0 errors:0 dropped:0 overruns:0 carrier:0
        collisions:0 txqueuelen:0
        RX bytes:0 (0.0 B)  TX bytes:0 (0.0 B)
```

La nostra configurazione di rete è pronta.

2

Il comando sudo

Quante volte abbiamo avuto a che fare con questo comando? Per chi usa abitualmente Ubuntu talmente tante volte che oramai sarebbe opportuno dedicarci un tasto nella tastiera.

Chiunque abbia usato Linux, o in generale Unix, conosce l'esistenza del super utente *root* (UID uguale a 0), utilizzato per amministrare il sistema e che per definizione *ha totale accesso ad ogni sua caratteristica.*
Tuttavia è buona abitudine usare un utente con privilegi minori per svolgere il lavoro quotidiano. Qualora, poi, ci fosse bisogno di svolgere mansioni di amministrazione, è consigliato aprire un terminale avviando solo in quel momento una sessione come utente *root*, oppure utilizzare il comando **su** per diventare provvisoriamente tale.

Ubuntu usa un approccio leggermente diverso per svolgere le mansioni amministrative, basato sull'utilizzo del comando **sudo,** *lasciando disabilitato il super utente root.* Con *sudo* si svolgono i compiti amministrativi utilizzando la stessa password dell'utente abituale con bassi privilegi, senza chiamare mai, dunque, in causa il super utente.

In ognuno dei due approcci ci sono vantaggi e svantaggi, vediamo brevemente di analizzarli.

Su

I sostenitori del modello su, cioè con account di root abilitato, sostengono che *su* sia più sicuro in quanto il livello amministrativo si ottiene dopo l'inserimento di due password, la password utente e la password di root.

Questo perché, come è prassi comune, un terminale remoto non accetta una connessione diretta con utente root, obbligando l'amministratore del sistema ad autenticarsi prima con un utente normale e solo successivamente con *su* per passare ai compiti amministrativi.

In caso contrario verrebbe a galla la parziale debolezza di questo approccio che consiste nel fatto che il nome del super utente è già noto, restringendo il compito di un eventuale malintenzionato alla sola scoperta della sua password.

Se preferiamo comunque questo modello amministrativo tradizionale, con Ubuntu dobbiamo ricordarci di *disabilitare l'accesso diretto con utente root da remoto* (vedremo come nel capitolo 3) e di abilitare l'utente assegnandogli una password:

```
sudo passwd root
```

In caso di pentimento possiamo nuovamente disabilitarlo in questo modo:

```
sudo passwd -l root
```

e successivamente riabilitarlo ancora con:

```
sudo passwd -u root
```

Sudo

Con *sudo (superuser do),* a differenza di quanto succede con *su,* si è costretti ad una esecuzione controllata di ogni singolo comando.

Per eseguire operazioni con privilegi d'amministrazione è sempre necessario anteporre "sudo" al comando che si desidera eseguire, come abbiamo visto poco sopra nel caso dell'abilitazione di *root*:

```
sudo passwd root
```

il sistema, dunque, ci chiederà la password dell'utente attuale memorizzandola per un breve lasso di tempo, sufficiente a permetterci di eseguire comandi ravvicinati senza annoiarci ripetutamente con la richiesta delle credenziali.

Questo tipo di approccio riduce il tempo in cui gli utenti sono nel sistema con privilegi amministrativi e quindi riduce i rischi di lanciare inavvertitamente comandi dannosi per il sistema, ed aumenta la possibilità di ricerca e analisi sul sistema grazie al log dei comandi.

Di contro, se viene violata la password di un utente abilitato all'utilizzo di sudo, in effetti si potrebbe ottenere accesso incondizionato al sistema. Da qui si evince come bisogna prestare una maggiore attenzione alla scelta della password di questo utente.

Con sudo, tuttavia, il nome dell'utente con privilegi amministrativi non è scontato: risulta quindi più complicato attaccare il sistema dal momento che il malintenzionato di turno deve prima individuare l'utente per poi successivamente poter attaccare la sua password.

Un altro indubbio vantaggio si nota quando dobbiamo assegnare alcuni compiti amministrativi limitati ad utenti diversi, dal momento che non abbiamo la necessità di dover dar loro la password di root.

L'amministratore può assegnare a qualsiasi utente, anche temporaneamente, privilegi particolari, eliminandoli o limitandoli quando non vi è più necessità.

Facciamo un esempio, concedendo all'utente *"user1"* il privilegio di spegnere il nostro server.

Digitiamo:

```
sudo visudo
```

con cui viene aperto il file */etc/sudoers* utilizzando l'editor di sistema (in genere *vim*). *visudo* controlla quanto scriviamo su questo importantissimo file evitando possibili errori.

Ora inseriamo in fondo:

```
user1   localhost=/sbin/shutdown -h now
```

Salviamo il file e usciamo. Ora *"user1"* è abilitato ad eseguire il comando di *shutdown* solo, però, dalla macchina locale (*localhost*).

Eventuali violazioni e operazioni saranno inoltre memorizzate nel file di log */var/log/auth.log,* permettendoci di controllare quanto viene fatto con l'ausilio di *sudo.*

Conclusioni

Quale soluzione adottare allora? Abbiamo visto i pro e i contro di ognuna delle due e personalmente ritengo che qualunque sia il parere di ognuno di noi in merito, sia comunque preferibile affidarsi alla soluzione predefinita proposta da chi ha confezionato il sistema, in questo caso Ubuntu.

Da ora in avanti, dunque, ci loggheremo alla console con il nostro utente *sbsadmin* e utilizzeremo sudo per i compiti amministrativi, avendo visto, ad ogni modo, che la decisione è tutt'altro che definitiva.

Qualora qualche servizio ci richiedesse la presenza dell'utente root, passare alla soluzione alternativa è molto semplice e rapido.

3

SSH Server

Per amministrare il server remotamente o da una macchina della stessa rete, dobbiamo installare e configurare OpenSSH per consentirci un accesso tramite shell sicura ed evitare così di dover ogni volta posizionarsi davanti alla console. Inoltre impareremo anche come sia addirittura possibile, da internet, sfruttarlo per accedere alle macchine interne alla nostra azienda instaurando un tunnel sicuro.

Installazione

Installazione e avvio del servizio :

```
sudo apt-get install openssh-server openssh-client
```

Ora **qualunque host/Indirizzo IP** può tentare di connettersi remota-mente.

Configurazione

Per cercare di ridurre i rischi di sicurezza editiamo il file di configurazione :

```
sudo nano /etc/ssh/sshd_config
```

Se non abbiamo necessità di accedere da remoto possiamo limitare l'accesso ai soli hosts della rete interna:

```
ListenAddress 192.168.20.1
```

oppure abilitare solo particolati utenti, ad esempio, *sbsadmin* da ovun-que, *user1* solo dall'host 192.168.20.10:

```
AllowUsers sbsadmin user1@192.168.20.10
```

Ma la cosa veramente importante se abbiamo scelto di abilitare root (vedi capitolo 2) è di rifiutare la sua connessione diretta.

```
DenyUsers root
```

In questo modo per amministrare il nostro server con ssh sarò costretto a collegarmi con un altro utente ed in seguito usare "su".
Se invece abbiamo mantenuto la configurazione di default proposta da Ubuntu questa impostazione non serve, dal momento che il super utente è disabilitato.

Infine, per rendere operative le modifiche alla configurazione, dobbiamo riavviare il servizio:

```
sudo /etc/init.d/ssh restart
```

Tunnel SSH

OpenSSH è uno strumento potente che non si limita solamente a fornirci una shell sicura con cui amministrare il nostro server.
Esiste un'altra sua interessante caratteristica che non necessita di nessuna configurazione e che ci permette di raggiungere da remoto non solo il server *ma anche le workstation aziendali interne al dominio stenoit.com,* normalmente irraggiungibili dalla rete pubblica.

Solitamente la prima cosa che ci viene in mente quando si parla di assistenza remota a dei clients di rete, è quella di abilitare loro i servizi RDP (inclusi nelle versioni Windows XP e successive) o *VNC* (software multipiattaforma, gratuito e liberamente scaricabile da internet). Essi ci permettono di prendere possesso del desktop dell'utente e operare come fossimo seduti davanti al loro computer.
Immaginiamo dunque di essere collegati a internet da casa con il nostro PC e di voler assistere una ipotetica workstation interna all'azienda con nome *wks01* e IP 192.168.20.10 su cui ho preventivamente abilitato almeno uno dei suddetti servizi.
Con il nostro client ssh possiamo naturalmente aprire una shell su sbs.stenoit.com, ma lo possiamo fare in un modo particolare *creando un tunnel crittografato tra il nostro PC e wks01*, sfruttando come "ponte" il server che dispone ovviamente sia di un indirizzo privato che di uno pubblico.

Vediamo come.

Linux

Supponiamo che il nostro PC sia dotato di Linux e che vogliamo accedere con VNC (porta 5900) a wks01. Dalla shell basta digitare:

```
ssh -L5900:wks01:5900 sbsadmin@sbs.stenoit.com
```

oppure usando gli indirizzi ip:

```
ssh -L5900:192.168.20.10:5900 sbsadmin@212.239.29.208
```

come è normale che sia ci viene richiesta la password dell'utente *sbsadmin*.

Apparentemente sembra non sia successo alcunché ma invece ora, fino alla chiusura della sessione terminale, possiamo accedere al desktop di wks01 con un client VNC *collegandoci alla porta locale 5900*.

Sarà premura di ssh instradarci in modo sicuro verso la porta 5900 della workstation attraverso il tunnel appena creato.

Possiamo ovviamente usare qualsiasi porta/servizio, ad esempio RDP (porta 3389) per il desktop remoto:

```
ssh -L13389:wks01:3389 sbsadmin@sbs.stenoit.com
```

la porta locale (in questo caso 13389) è arbitraria, possiamo inserire qualunque valore valido prestando attenzione, però, che non ci sia qualche altro servizio in esecuzione sulla stessa.

In questa situazione digitando come indirizzo sul nostro client RDP:

```
localhost:13389
```

vedremo comparire il desktop remoto di wks01.

Windows

Se la macchina remota da cui accediamo avesse invece una qualche versione di Windows a bordo, possiamo utilizzare il client ssh freeware *putty,* scaricabile da questo indirizzo:

```
http://www.chiark.greenend.org.uk/~sgtatham/putty/download.html
```

non necessita di installazione, basta il semplice eseguibile.

Putty può essere usato attraverso la GUI grafica oppure direttamente da prompt dei comandi con una sintassi pressoché identica a quella vista prima:

```
putty -L 5900:wks01:5900 sbsadmin@sbs.stenoit.com
```

La sostanza non cambia assolutamente rispetto a Linux, le funzionalità offerte sono le stesse.

Conclusioni

Dunque abbiamo visto come da remoto, disponendo unicamente delle credenziali di un accesso ssh al nostro server, sfruttando OpenSSH si possa potenzialmente accedere a qualunque servizio interno aziendale, sia esso un database, un web server, semplici condivisioni samba/windows, o altro.

Oltre agli indubbi vantaggi di questa tecnica, spero abbiate compreso anche *quanto possa essere pericoloso OpenSSH in mano alle persone sbagliate*, dal momento che fornisce un vero e proprio *passepartout* verso la nostra rete privata. Quindi la prassi di **scegliere una buona password,** disabilitare l'utente *root* o perlomeno non permettere il suo accesso diretto al server come spiegato prima, diventa veramente di importanza vitale.

4

LDAP Server

Il server LDAP (*Lightweight Directory Access Protocol*) è il fulcro attorno a cui orbitano gran parte delle soluzioni proposte in questo libro.
I servizi che via via installeremo si appoggeranno ad esso, soprattutto per quanto riguarda l'autenticazione degli utenti.
Analizziamo due soluzione alternative, per prima quella interna Linux, rappresentata nel nostro caso da *OpenLDAP* , e la seconda, tutt'altro che remota, nel caso in cui ci si debba appoggiare ad un servizio LDAP esterno, nel nostro caso il diffusissimo *Active Directory* di Microsoft.

OpenLDAP

Perché installiamo questo servizio? Per la sua grande versatilità e comodità. LDAP è essenzialmente un database gerarchico che può essere utilizzato per memorizzare tutto quanto si desideri gestire tramite una base dati condivisibile *anche via rete tra più sistemi*.
Installando un server LDAP (nel nostro caso *OpenLDAP*) abbiamo dunque la possibilità di centralizzare la gestione dei dati, siano essi account utente, gruppi, password o quant'altro. Esisterà dunque una unica accoppiata utente/password per accedere ad ogni servizio, sia esso il File Server, piuttosto che il Mail Server o l'Instant Messaging.
Creando un nuovo utente o anche semplicemente modificandone la password, avremo la certezza che ciò sia sincronizzato in modo automatico per ogni servizio.

In definitiva, OpenLDAP ci permetterà di realizzare il cosiddetto **Single Signon** , il santo graal di ogni amministratore di rete.

OpenLDAP è un servizio potente e complesso, senza difficoltà può scalare su più server mantenendo repliche sincronizzate dei dati.

Preciso, in tal senso, che non rientra negli obiettivi di questo libro fornire una guida dettagliata sul funzionamento e sulla terminologia propria di un *Servizio di directory basato su LDAP*. Qui ci limiteremo a fornire una guida passo passo che permetterà noi di raggiungere lo scopo prefissato. Informazioni aggiuntive possono essere reperite sul sito ufficiale.

Installazione

Installiamo i pacchetti necessari:

```
sudo apt-get install slapd ldap-utils db4.8-util
```

Attendiamo che apt termini l'installazione dei pacchetti.

Configurazione

La configurazione risulta un pochino complicata rispetto alla vecchia LTS, in quanto *debconf* non ci permette più ora di settare in modo visuale amministratore, dominio e password limitandosi al solo "reset" dei parametri. Infatti vediamo:

```
sudo dpkg-reconfigure slapd
```

in sequenza ci verranno richieste solo queste informazioni:

```
Omettere la configurazione del server OpenLDAP? => <No>
Eliminare il database in caso di rimozione completa di slapd? => <No>
Allow LDAPv2 protocol? => <No>
```

La causa di ciò è che ora OpenLDAP, anziché salvare la configurazione in normali file come succedeva in passato, usa una directory separata "cn=config" per la configurazione chiamata *"Directory Information Tree" (DIT)*. La "DIT" permette di configurare dinamicamente il demone *"slapd"* permettendo anche modifiche al volo a schemi, indici e ACL senza il bisogno di stoppare e riavviare il servizio.

Se da una parte questo risulta un indubbio vantaggio per la continuità di servizio, dall'altra la configurazione risulta un pochino più complicata in quanto dobbiamo usare i comandi ldap da shell per configurare il servizio.

Ma vediamo come fare, iniziando con il posizionarsi nella directory corretta:

```
cd /etc/ldap
```

Schemi

Iniziamo aggiungendo manualmente gli "schemi" necessari:

```
sudo ldapadd -Y EXTERNAL -H ldapi:/// -f /etc/ldap/schema/cosine.ldif
sudo ldapadd -Y EXTERNAL -H ldapi:/// -f /etc/ldap/schema/inetorgperson.ldif
sudo ldapadd -Y EXTERNAL -H ldapi:/// -f /etc/ldap/schema/nis.ldif
```

Dopo ogni comando dovremmo ottenere qualcosa del genere (ad esempio per lo schema "cosine"):

```
SASL/EXTERNAL authentication started
SASL username: gidNumber=0+uidNumber=0,cn=peercred,cn=external,cn=auth
SASL SSF: 0
adding new entry "cn=cosine,cn=schema,cn=config"
```

Database

Iniziamo ora la creazione di una serie di file *LDIF* che ci permettono di configurare in modo più semplice OpenLDAP. Il primo della serie è quello relativo al database BDB usato come backend :

```
sudo nano db.ldif
```

Popoliamolo con quanto segue prestando particolare attenzione alle parti qui in grassetto che definiscono il nostro dominio, l'utente amministratore LDAP e la sua password:

```
# Load dynamic backend modules
dn: cn=module{0},cn=config
objectClass: olcModuleList
cn: module
olcModulepath: /usr/lib/ldap
olcModuleload: {0}back_hdb


# Create the database
dn: olcDatabase={1}hdb,cn=config
objectClass: olcDatabaseConfig
objectClass: olcHdbConfig
olcDatabase: {1}hdb
olcDbDirectory: /var/lib/ldap
olcSuffix: dc=stenoit,dc=com
olcRootDN: cn=admin,dc=stenoit,dc=com
olcRootPW: ldappwd
olcDbConfig: {0}set_cachesize 0 2097152 0
olcDbConfig: {1}set_lk_max_objects 1500
olcDbConfig: {2}set_lk_max_locks 1500
olcDbConfig: {3}set_lk_max_lockers 1500
olcLastMod: TRUE
olcDbCheckpoint: 512 30
olcDbIndex: uid eq,pres,sub
olcDbIndex: cn,sn,mail pres,eq,approx,sub
olcDbIndex: objectClass eq
```

Una volta che il file è disponibile, diamolo in pasto a *ldapadd*:

```
sudo ldapadd -Y EXTERNAL -H ldapi:/// -f db.ldif
```

Configurazione di base e admin

Nella fase precedente abbiamo definito la password (*"ldappwd"*) di accesso. Ora dobbiamo generare l'hash MD5 e memorizzarla in questo formato sul database. Facciamolo con il comando:

```
slappasswd -h {MD5} -s ldappwd
```

che ci fornisce :

```
{MD5}1AdI/WviFyu0uh+L6lC14g==
```

Che è quanto andiamo ad inserire nel seguente file che fornirà a *slapd* una configurazione di base definendo anche utente e password dell'amministratore:

```
sudo nano base.ldif
```

Inseriamo le seguenti righe:

```
dn: dc=stenoit,dc=com
objectClass: dcObject
objectclass: organization
o: stenoit.com
dc: stenoit
description: StenoIT Corporation

dn: cn=admin,dc=stenoit,dc=com
objectClass: simpleSecurityObject
objectClass: organizationalRole
cn: admin
userPassword:{MD5}1AdI/WviFyu0uh+L6lC14g==
description: LDAP administrator
```

e poi carichiamo la configurazione:

```
sudo ldapadd -Y EXTERNAL -H ldapi:/// -f base.ldif
```

ACL

Settiamo ora le ACL per accedere alla directory usando, successivamente, il default *"cn=admin,cn=config"*. Creiamo il file:

```
sudo nano config.ldif
```

contenente:

```
dn: cn=config
changetype: modify

dn: olcDatabase={0}config,cn=config
changetype: modify
add: olcRootDN
olcRootDN: cn=admin,cn=config
```

```
dn: olcDatabase={0}config,cn=config
changetype: modify
add: olcRootPW
olcRootPW: {MD5}1AdI/WviFyu0uh+L6lC14g==

dn: olcDatabase={0}config,cn=config
changetype: modify
delete: olcAccess
```

E carichiamolo:

```
sudo ldapadd -Y EXTERNAL -H ldapi:/// -f config.ldif
```

Ora possiamo definire le ACL di lettura e scrittura. Facciamolo ancora con un altro file *LDIF*:

```
sudo nano acl.ldif
```

Che contiene (i comandi *olcAccess* vanno su una **unica riga!**):

```
dn: olcDatabase={1}hdb,cn=config
add: olcAccess
olcAccess: to attrs=userPassword,shadowLastChange by dn="cn=admin,dc=stenoit,dc=com"
write by anonymous auth by self write by * none
olcAccess: to dn.base="" by * read
olcAccess: to * by dn="cn=admin,dc=stenoit,dc=com" write by * read
```

Non ci resta che caricarlo:

```
sudo ldapmodify -x -D cn=admin,cn=config -W -f acl.ldif
```

Notare come abbiamo in questo caso specificato anche l'utente con il parametro *"-D"*

Se abbiamo sbagliato qualcosa possiamo ripetere nuovamente daccapo tutta la procedura avendo l'accortezza di rimuovere e reinstallare il pacchetto *slapd*:

```
apt-get remove slapd --purge
apt-get install slapd
```

nsswitch.conf

Il *Network Services Switch* determina l'ordine delle ricerche effettuate quando viene richiesta una certa informazione, proprio come il file */etc/host.conf* determina il modo in cui effettuare le ricerche degli host. Ad esempio la riga:

```
hosts: files dns ldap
```

specifica che le funzioni di ricerca degli host dovrebbero prima guardare nel file locale */etc/hosts*, di seguito fare una richiesta al servizio dei nomi di dominio DNS ed infine utilizzare il server LDAP. A quel punto, se nessuna corrispondenza è stata trovata, viene riportato un errore.

Nel nostro caso dobbiamo istruire *nsswitch* perchè, in seconda battuta, usi LDAP per la risoluzione di utenti, password e gruppi.

Possiamo anche farlo manualmente editando il file:

```
sudo nano /etc/nsswitch.conf
```

sostituiendo "*compat*" con "*files ldap*":

```
passwd:         files ldap
shadow:         files ldap
group:          files ldap
```

In questo modo la precedenza spetta sempre ai file locali predefiniti di Linux, (*/etc/passwd* per gli utenti, */etc/shadow* per le passwords e */etc/group* per i gruppi) permettendo così l'autenticazione dell'amministratore *sbsadmin* anche qualora il servizio LDAP per qualche ragione non risultasse disponibile.

PAM

PAM (*Pluggable Authentication Modules*) è un meccanismo per integrare più schemi di autenticazione a basso livello in un'unica API ad alto livello, permettendo a programmi che necessitino di una forma di autenticazione, di essere scritti indipendentemente dallo schema di autenticazione sottostante utilizzato.

Anzichè modificare manualmente tutti i suoi file di configurazione (*/etc/pam.d/**), in questo caso useremo uno script python (*auth-client-config*) creato appositamente per questo scopo.

Installiamo dunque il necessario:

```
sudo apt-get install libpam-ldap libnss-ldap auth-client-config
```

Durante l'installazione parte *debconf* che ci chiederà di inserire la configurazione appropriata, nel nostro esempio:

```
LDAP server Uniform Resource Identifier => ldap:///localhost
Distinguished name of the search base: => dc=stenoit,dc=com
LDAP version to use: => <3>
Make local root Database admin: => <Yes>
Does the LDAP database require login? => <No>
LDAP account for root: => cn=admin,dc=stenoit,dc=com
LDAP root account password: => ldappwd
```

Editiamo ora il file:

```
sudo nano /etc/ldap.conf
```

e controlliamo che debconf abbia fatto il suo lavoro. I parametri dovrebbero essere questi:

```
host 127.0.0.1
rootbinddn cn=admin,dc=stenoit,dc=com
base dc=stenoit,dc=com
```

Esistono due file *ldap.conf*, allora copiamo il file appena sistemato sull'altro salvandocene una copia:

```
sudo cp /etc/ldap/ldap.conf /etc/ldap/ldap.conf.bak
sudo cp /etc/ldap.conf /etc/ldap/ldap.conf
```

auth-client-config

Questo script, partendo da un profilo di configurazione, può modificare sia *nsswitch.conf* che i molteplici file di PAM automaticamente per settare in modo corretto l'autenticazione.

E' molto comodo anche per chi vuole distribuire una configurazione: una volta creato il profilo con un semplice comando è possibile settare tutto correttamente evitando fastidiosi errori di battitura.

Creiamoci, dunque, il nostro profilo:

```
sudo nano /etc/auth-client-config/profile.d/sbs_ldap
```

inserendoci quanto segue:

```
[sbs_ldap]
nss_passwd=passwd: files ldap
nss_group=group: files ldap
nss_shadow=shadow: files ldap
nss_netgroup=netgroup: files ldap
pam_auth=auth        required       pam_env.so
        auth         sufficient     pam_unix.so likeauth nullok
        auth         required       pam_group.so use_first_pass
        auth         sufficient     pam_ldap.so use_first_pass
        auth         required       pam_deny.so
pam_account=account     sufficient    pam_unix.so
        account      sufficient     pam_ldap.so
        account      required       pam_deny.so
pam_password=password    sufficient    pam_unix.so nullok md5 shadow
        password     sufficient     pam_ldap.so use_first_pass
        password     required       pam_deny.so
pam_session=session     required      pam_limits.so
        session      required       pam_mkhomedir.so skel=/etc/skel/
        session      required       pam_unix.so
        session      optional       pam_ldap.so
```

Le righe evidenziate ora non sarebbero necessarie dal momento che si riferiscono a *nsswitch* che abbiamo già configurato in precedenza manualmente. Tuttavia possiamo così comprendere come potrebbe operare lo script anche su di esso.

Siamo pronti a configurare PAM, lanciamo il comando:

```
sudo auth-client-config -a -p sbs_ldap
```

Conclusioni

La configurazione basilare di OpenLDAP del nostro server è terminata e dovremmo poter quindi riavviare il servizio senza errori:

```
sudo /etc/init.d/slapd restart
```

Possiamo testare semplicemente il suo funzionamento con :

```
ldapsearch -x
```

se non otteniamo errori ma bensì una lista vuota LDIF significa che il servizio è attivo.

Ora il database LDAP è ancora vuoto, inizieremo ad usarlo e a popolarlo nel capitolo 8 quando affronteremo l'argomento File Server.

Active Directory

Nel 1999 Microsoft, con l'uscita di Windows 2000, introdusse anche il concetto *Active Directory*, termine con il quale vengono da allora identificati un insieme di servizi di rete adottati dai propri sistemi operativi server, quali ad esempio DNS, DHCP, Kerberos e sopratutto LDAP, usato come base dati per memorizzare in modo gerarchico tutta la struttura dei servizi di rete aziendale.

In questi dieci anni di vita, vista la sua notevole diffusione e versatilità, *Active Directory* è diventato punto di riferimento quasi universale per i servizi di autenticazione utente e gestione degli stessi, al punto che ai nostri giorni è veramente difficile trovare aziende o altro, sprovvisti di un tale servizio al loro interno.

Ubuntu/Linux non sfugge a questo, e pertanto vedremo come integrarlo efficacemente analizzando due metodi alternativi allo scopo di autenticare gli utenti locali sfruttando l'LDAP di casa Microsoft

Likewise Open

Likewise Open è software libero, rilasciato sotto licenza GPLv3, che consente una semplice integrazione Linux, ma anche Unix e Mac, con macchine *Microsoft Active Directory (AD)*. Con questo prodotto è possibile effettuare la *join* al dominio AD e poi autenticare gli utenti sfruttando il server LDAP esterno.

Installazione

Ubuntu include *Likewise Open* nei suoi repository standard, quindi potremmo installarlo con molta facilità non fosse che, nel momento in cui scrivo, il pacchetto ufficiale presenta piccoli bug costringendoci ad usare il repository di sviluppo per ovviare al problema.

Aggiungiamo dunque i repository *ppa* di Likewise editando il file:

```
sudo nano /etc/apt/sources.list
```

e aggiungendo in fondo quanto segue:

```
deb http://ppa.launchpad.net/likewise-open/likewise-open-ppa/ubuntu lucid main
deb-src http://ppa.launchpad.net/likewise-open/likewise-open-ppa/ubuntu lucid main
```

Importiamo la chiave per evitare errori di installazione e aggiorniamo la lista dei pacchetti:

```
sudo apt-key adv --keyserver keyserver.ubuntu.com --recv-keys AAFDD5DB
sudo apt-get update
```

Se insorgessero problemi possiamo consultare il repository accedendo al sito:

```
https://launchpad.net/likewise-open
```

Terminata questa fase possiamo procedere con l'installazione vera e propria con un semplice:

```
sudo apt-get install likewise-open
```

Nel caso nel file */etc/resolv.conf* sia indicato sia il nostro dominio (*domain stenoit.com*) che il DNS (*nameserver 192.168.20.2*) con l'indirizzo IP del domain controller Active Directory, non verrà posta alcuna domanda aggiuntiva e l'installazione terminerà in pochi istanti. In caso contrario dovremmo specificare manualmente il nome del dominio, il nome del server *Kerberos* del proprio *realm* e il nome del server amministrativo che dovrebbero corrispondere sempre al nome del server Windows con Active Directory senza la parte dominio.

Ecco un esempio di */etc/resolv.conf* :

```
domain stenoit.com
search stenoit.com
nameserver 192.168.20.2
```

Configurazione

Likewise di default per autenticare un utente necessita sia del nome del dominio NETBIOS che l'utente: questo sta a significare che, ad esempio *tecnico1* dovrà digitare al collegamento come nome utente:

```
STENOIT\\tecnico1
```

Abbastanza fastidioso, specie se abbiamo, come probabile, un solo dominio. Per risolvere anche questo problema dobbiamo mettere mano alla configurazione di Likewise.

Editiamo il file:

```
sudo nano /etc/likewise-open/lsassd.reg
```

Ricerchiamo le seguenti stringhe e modifichiamole come segue:

```
"AssumeDefaultDomain"=dword:00000001
"HomeDirTemplate"="%H/%D/%U"
```

AssumeDefaultDomain impostato a "1" fa si che ora possiamo omettere il nome del dominio.
HomeDirTemplate indica il percorso della home per ogni utente che verrà creata in modo automatico al primo collegamento. Ad esempio *tecnico1* avrà come home:

```
/home/STENOIT/tecnico1
```

Ora dobbiamo importare le modifiche effettuale e fare in modo che Likewise le recepisca:

```
sudo lwregshell import /etc/likewise-open/lsassd.reg
sudo lwsm refresh lsass
```

E' giunta l'ora di fare la *join* al nostro dominio digitando il comando:

```
sudo domainjoin-cli join stenoit.com Administrator
```

e la password dell'amministratore di dominio *Administrator.* Al termine riavviamo il sistema come ci viene proposto.

```
sudo reboot
```

Al successivo riavvio ci rimane ancora un piccolo dettaglio da sistemare, e cioè il permettere ai membri del gruppo di sistema *"Domain Admins"* di Windows di gestire anche il nostro server Linux. Per fare questo basta una semplice modifica al file *sudoers*:

```
sudo visudo
```

aggiungendo la seguente riga:

```
%STENOIT\\domain^admins ALL=(ALL) ALL
```

Ora anche l'utente *"administrator"* di dominio sarà abilitato all'uso di *"sudo".* Per provare sarà sufficiente collegarsi alla shell con l'utente e provare ad operare con il comando sudo.

In conclusione possiamo dire che *Likewise Open*, di cui esiste anche una versione *Enterprise* commerciale che aggiunge al prodotto funzionalità di alto livello, è una ottima soluzione che semplifica molto l'integrazione di Linux con un dominio Microsoft. Tuttavia non possiamo non rimanere contrariati dal fatto che una versione LTS di Ubuntu contenga nei suoi repository versioni non perfettamente funzionanti dei pacchetti in oggetto che ci costringono ad usare una versione non ufficiale di sviluppo per poter ovviare al problema.

Kerberos, Samba e Winbind

Per quanto visto poco sopra, allora, non possiamo ignorare che esista ancora il "vecchio metodo" per integrare il nostro server con Active Directory, un metodo che prevede l'installazione e la configurazione manuale dei software necessari: *Kerberos* per l'autenticazione, *Samba* e *Winbind* per l'integrazione vera e propria.

Installazione

Installiamo i pacchetti necessari:

```
sudo apt-get install samba winbind krb5-user libpam-krb5 krb5-config libkdb5-4 libgssrpc4 smbclient
```

Configurazione

Otteniamo il ticket kerberos dal server:

```
sudo kinit Administrator@STENOIT.COM
```

Controlliamo ed eventualmente sistemiamo il file di configurazione di kerberos:

```
sudo nano /etc/krb5.conf
```

in particolare assicuriamoci che contenga:

```
[libdefaults]
        default_realm = STENOIT.COM

...

[realms]
        STENOIT.COM = {
                kdc = sbswin
                admin_server = sbswin
        }

...
```

dove *sbswin* è il nostro server Windows AD, e STENOIT.COM il dominio. Per settare correttamente i parametri posso anche usare l'apposito comando:

```
sudo dpkg-reconfigure krb5-config
```

Passiamo alla configurazione di Samba, salvando il file di configurazione predefinito e creandone uno di nuovo:

```
sudo mv /etc/samba/smb.conf /etc/samba/smb.conf.orig
sudo nano /etc/samba/smb.conf
```

scrivendoci dentro quanto segue:

```
[global]
        server string = %h - SBS Server
        workgroup = STENOIT
        security = ads
        password server = sbswin.msg.it
        passdb backend = tdbsam
        winbind separator = +
        winbind refresh tickets = yes
        idmap backend = rid:MSG=70000-1000000
        idmap uid = 70000-1000000
        idmap gid = 70000-1000000
        winbind enum users = yes
        winbind enum groups = yes
        template homedir = /home/%D/%U
        template shell = /bin/bash
        client use spnego = yes
        client ntlmv2 auth = yes
        encrypt passwords = true
        winbind use default domain = yes
        restrict anonymous = 2
        realm = STENOIT.COM
        winbind enum groups = yes
        winbind enum users = yes
        syslog = 3
        log file = /var/log/samba/%m
        max log size = 50
        map acl inherit = Yes
        username map = /etc/samba/smbusers
        winbind cache time = 10
```

Questa serie di parametri sono il frutto delle personali prove sul campo al fine di ottenere una configurazione ottimale allo scopo. Per approfondire la questione vi invito come al solito a rivolgervi alla ampia letteratura che trovate sulla Rete.

Ora occupiamoci del metodo di risoluzione di utenti e gruppi controllando che il nostro:

```
sudo nano /etc/nsswitch.conf
```

contenga:

```
passwd: compat winbind
group: compat winbind
shadow: compat
```

in modo che venga interrogato in seconda battuta *winbind* per trovare l'utente o il gruppo.

Con Likewise al primo collegamento veniva creata la home dell'utente in modo automatico. Predisponiamo che anche in questo caso succeda altrettanto modificando il file:

```
sudo nano /etc/pam.d/common-session
```

e aggiungendo quanto segue:

```
session required pam_mkhomedir.so umask=0022 skel=/etc/skel
```

Per finire questa parte stoppiamo e avviamo i servizi:

```
sudo /etc/init.d/smbd stop
sudo /etc/init.d/smbd start
sudo /etc/init.d/winbind stop
sudo /etc/init.d/winbind stop
```

Non ci resta ora che fare la *join* al dominio con il comando:

```
sudo net ads join -U administrator
```

Se tutto è andato per il meglio dovremmo vedere un messaggio del tipo:

```
Using short domain name - STENOIT
Joined 'SBS' to realm 'stenoit.com'
```

Se otteniamo un errore del tipo *"DNS update failed!"* significa che il DNS di Windows non accetta aggiornamenti dinamici non protetti. La cosa non pregiudica il funzionamento, possiamo aggiungere manualmente sulla tabella DNS il server Linux, ma se volessi risolvere la questione basterà impostare la zona sul server DNS in modo che in "Aggiornamenti Dinamici" accetti anche le update non protette. Vedere la documentazione Microsoft al riguardo.

Controlliamo il funzionamento di *winbind*. Con il comando:

```
wbinfo -u
```

dovrei ottenere la lista degli utenti. Con:

```
wbinfo -g
```

quella dei gruppi. Proviamo, anche, ad accedere con un utente di dominio alla shell del server, dovremmo trovarci correttamente sulla sua home creata al momento se si tratta del primo collegamento.

Se ci fossero dei problemi ricontrolliamo tutti i passaggi e proviamo a riavviare i servizi.

Per terminare anche qui, come nel caso di Likewise, modifichiamo il file *sudoers* per permettere agli amministratori di dominio di utilizzare comandi amministrativi attraverso *sudo* dalla shell del server Linux.

```
sudo visudo
```

Aggiungiamo in fondo:

```
%domain\ admins ALL=(ALL) ALL
```

E' tutto. Abbiamo visto due modi alternativi (ma sotto sotto in realtà molto simili) per integrare l'autenticazione degli utenti Ubuntu/Linux con un server LDAP esterno, nella fattispecie Active Directory di Microsoft.

Quale dei due usare? A voi la scelta, io posso solo dire che Likewise dispone di maggiori possibilità di configurazione (specie se si vorrà migrare alla versione commerciale) mentre il metodo tradizionale è molto più semplice e performante e dunque maggiormente indicato se quello che si vuole ottenere è la semplice autenticazione degli utenti su Active Directory e poco altro.

5

DNS e DHCP Server

I servizi DNS *(Domain Name System)* utilizzati per la risoluzione di nomi di host in indirizzi IP e viceversa, e DHCP *(Dynamic Host Configuration Protocol)*, che permette ai dispositivi di rete di ricevere automaticamente la configurazione IP necessaria per operare, sono oramai diventati una soluzione obbligata anche in una rete locale di piccole dimensioni.

In questo capitolo verrà fornita una configurazione semplice ma funzionale alle nostre necessità, ancora una volta senza la pretesa ovviamente di essere una guida completa ai servizi di questo tipo.

Vi è mai capitato di operare in una rete peer to peer con Windows e accesso ad internet condiviso in cui il *browsing della rete locale risultava lentissimo?* Il motivo di ciò è da imputare al fatto che l'ordine con cui Windows cerca gli host nella rete è:

```
DNS -> files -> broadcast
```

Quindi, per conoscere l'indirizzo IP dell'host al suo fianco, prima veniva interrogato *il DNS del provider internet* (essendo la piccola rete sprovvista di un DNS locale), e solo dopo la risposta ovviamente negativa di quest'ultimo veniva usato il file hosts locale e il broadcast.

I lunghi tempi di risposta erano, dunque, una naturale e ovvia conseguenza.

In questo capitolo esamineremo due metodi alternativi per dotare il nostro server di questi essenziali servizi. Inizieremo con il più semplice **dnsmasq** seguito dalla più standard e diffusa accoppiata **bind & dhcpd**.

dnsmasq

Data la semplice natura della nostra rete, *dnsmasq* rappresenta una soluzione molto valida vista la semplicità di configurazione unita al fatto che integra al suo interno tutto quello che ci serve: *DNS dinamico, DHCP e Caching* .

Vediamo meglio quanto ci offre :

- ✔ La configurazione del DNS di macchine "dietro" al firewall è semplice e non dipende dai DNS del provider.
- ✔ I client che interrogano il DNS quando, ad esempio, il collegamento internet non è disponibile, ricevono immediatamente il timeout, senza inutili attese.
- ✔ Dnsmasq ricava i nomi dal file /etc/hosts del server: se il nome della macchina locale richiesta viene trovato, veniamo immediatamente indirizzati alla stessa senza il bisogno di mantenere il file hosts in ogni macchina.
- ✔ Il servizio DHCP server integrato supporta DHCP leases statici e dinamici e IP ranges multipli. Le macchine configurate con DHCP vengono automaticamente inserite nel DNS, e i nomi possono essere specificati in ogni macchina o centralmente associando il nome al MAC address nel file di configurazione di dnsmasq.
- ✔ Dnsmasq esegue il *caching* degli indirizzi internet (A records, AAAA records e PTR records), aumentando le performance della rete.
- ✔ Dnsmasq supporta i records di tipo *MX* e *SRV* e può essere configurato per fornire il record MX per alcune o tutte le macchine della rete locale.

Installazione

Il pacchetto lo si installa così:

```
sudo apt-get install dnsmasq
```

Configurazione

Il file di configurazione è molto ben commentato, ma partiamo da un file pulito rinominando l'originale per sicurezza e creandone uno nuovo:

```
sudo mv /etc/dnsmasq.conf /etc/dnsmasq.conf.backup
sudo nano /etc/dnsmasq.conf
```

Inseriamoci quanto segue:

```
addn-hosts=/etc/dnshosts
no-hosts
server=/stenoit.com/192.168.20.1
domain=stenoit.com
interface=eth1
expand-hosts
dhcp-range=192.168.20.50,192.168.20.150,255.255.255.0,48h

# Router
dhcp-option=3,192.168.20.1

# set netbios-over-TCP/IP nameserver(s) aka WINS server(s)
dhcp-option=44,192.168.20.1

# netbios datagram distribution server
dhcp-option=45,192.168.20.1

dhcp-option=46,8 # netbios node type
dhcp-option=47 # empty netbios scope

# DNS
dhcp-option=6,192.168.20.1
dhcp-option=15,stenoit.com

dhcp-lease-max=500
mx-host=sbs.stenoit.com,50
mx-target=sbs.stenoit.com
localmx
log-queries
log-dhcp
strict-order
dhcp-authoritative
```

Il DHCP assegnerà automaticamente ai dispositivi della nostra rete un IP compreso nell'intervallo indicato con il parametro *dhcp-range* (da 192.168.20.50 a 192.168.20.150), assieme all'indirizzo del default gateway, del DNS, del WINS e altri, specificati nei vari parametri *dhcp-options*. Quest'ultimi sono molti, per vedere tutti quelli disponibili eseguiamo il comando :

```
dnsmasq --help dhcp
```

Se per qualche motivo dobbiamo invece assegnare tramite DHCP un preciso indirizzo ad un dispositivo di rete, dobbiamo conoscere il suo MAC address (il codice di 48 bit assegnato in modo univoco ad ogni scheda di rete ethernet prodotta al mondo) ed aggiungere questo al file di configurazione di dnsmasq:

```
dhcp-host=00:1c:23:82:97:53,wks01,192.168.20.160
```

dove il primo parametro indica appunto il MAC address in esadecimale, il secondo il nome da assegnare all'host sul DNS e il terzo l'indirizzo IP.

Per eventuali spiegazioni dettagliate sui singoli parametri facciamo riferimento alla essenziale ma esaustiva guida in linea:

```
man dnsmasq
```

oppure ai commenti dello stesso file di configurazione.

Ora modifichiamo nuovamente il nostro file */etc/resolv.conf* :

```
sudo nano /etc/resolv.conf
```

che deve contenere la lista dei DNS che il server interroga, aggiungendo per primo il nostro sbs e lasciando in seconda battuta il DNS del provider di cui farà la cache (sempre openDNS):

```
search stenoit.com
nameserver 127.0.0.1
nameserver 208.67.222.222
nameserver 208.67.220.220
```

Se vogliamo utilizzare degli indirizzi statici basta inserirli nel file */etc/dnshosts* (come specificato dal parametro *addn-hosts*) nella solita forma (senza dominio, quello lo fornisce dnsmasq) che si usa per il file */etc/hosts*. Ad esempio per un altro server con IP fisso :

```
192.168.20.2 myserver
```

dnsmasq fornirà la risoluzione di *myserver* o *myserver.stenoit.com* a tutte le macchine della rete.

Non usiamo il predefinito file */etc/hosts* usato da dnsmasq per evitare che il DNS si metta a risolvere anche i nomi "privati" che potrei mettere qui, tipo ad esempio *localhost*.

Editiamo il file:

```
sudo nano /etc/dnshosts
```

e aggiungiamo quanto segue per avere una risoluzione basilare degli indirizzi e nomi assegnati al nostro server:

```
192.168.20.1 sbs mail stenoit.com
```

Per finire riavviamo il servizio:

```
sudo /etc/init.d/dnsmasq restart
```

Se non otteniamo messaggi di errore, il nostro DNS/DHCP è bello che pronto. Alle macchine della rete verrà fornito un indirizzo IP, il gateway, il DNS, il WINS e registrate sulla tabella DNS, così tutte le altre macchine potranno puntare in modo univoco alle stesse senza più preoccuparsi dell'indirizzo fisico IP.

Test del servizio

Proviamo così:

```
ping stenoit.com
```

dovremmo vedere:

```
PING stenoit.com (192.168.20.1) 56(84) bytes of data.
64 bytes from sbs.stenoit.com (192.168.20.1): icmp_seq=1 ttl=64 time=0.167 ms
```

Che indica che il nostro DNS funziona e risolve correttamente i nomi di dominio.

Se avessimo bisogno di controllare quali siano gli indirizzi rilasciati dal DHCP, possiamo farlo visualizzando il file:

```
sudo cat /var/lib/misc/dnsmasq.leases
```

Se non abbiamo esigenze particolari possiamo tranquillamente fermarci qui: *dnsmasq* funziona benissimo e, come abbiamo visto, è molto semplice da implementare.

bind & dhcpd

Nel caso invece la nostra rete cominci ad assumere dimensioni importanti, la soluzione dnsmasq comincia a mostrare i suoi limiti e dobbiamo usare qualcosa di più completo.

Ad esempio con dnsmasq è impossibile gestire più domini o predisporre un servizio DNS di "backup" qualora il principale non sia raggiungibile: fatto questo già intollerabile in reti appena più complesse vista la centralità di questo servizio.

Vediamo dunque come risolvere il problema installando e configurando i due pacchetti che rappresentano lo standard de facto in materia : Bind e DHCPD. Ricordiamoci, se lo abbiamo installato, di rimuovere dnsmasq prima di proseguire!

Installazione bind

Il pacchetto lo si installa così:

```
sudo apt-get install bind9 dnsutils
```

Caching DNS

Il compito più semplice che può svolgere BIND è quello di *"caching DNS"*, cioè la semplice memorizzazione locale delle richieste svolte dai client della nostra rete.

Di default BIND viene già installato per agire da semplice caching DNS. Con questa funzionalità aumentiamo notevolmente le performance nella risoluzione dei nomi di dominio internet nella nostra rete, in quando BIND si "ricorda" le interrogazioni precedenti.

Sistemiamo la configurazione definendo i server DNS pubblici di cui fare la cache editando a tal proposito il file:

```
sudo nano /etc/bind/named.conf.options
```

e definendo nella sezione "forwarders" i server del provider (in questo caso sono quelli di OpenDNS):

```
forwarders {
        208.67.222.222;
        208.67.220.220;
    };
```

Ricordiamoci anche, qualora non lo avessimo già fatto, di specificare nel file */etc/resolv.conf* il nostro DNS:

```
search stenoit.com
nameserver 127.0.0.1
```

Ora riavviamo il servizio:

```
sudo /etc/init.d/bind9 restart
```

e proviamo con un dominio a caso:

```
dig google.com
```

alla fine dovremmo vedere il tempo impiegato dalla query. Ad esempio:

```
;; Query time: 99 msec
```

Ripetendo ora nuovamente lo stesso comando di prima, il tempo dovrebbe essersi notevolmente ridotto. Ad esempio:

```
;; Query time: 2 msec
```

dimostrandoci che il servizio di caching è attivo e funzionante.

BIND fa la cache delle informazioni DNS nella RAM, non sul disco. Potrebbe non essere un problema visto che in genere sulle moderne macchine questa non manca e che periodicamente BIND elimina i record più vecchi, ma se prevediamo un alto traffico potrebbe essere utile fare di tanto in tanto la flush della cache con il comando:

```
sudo rndc -s localhost flush
```

o settare la massima dimensione della cache con il parametro

```
max-cache-size
```

nel file di configurazione.

Master

Abbiamo degli indirizzi IP interni da risolvere in nomi host? In questo caso il servizio di caching allora è insufficiente e dobbiamo configurare BIND come *Master* per il nostro dominio per fare in modo che oltre al caching dei nomi esterni, risolva, appunto, anche i nomi host della rete locale.

Supponiamo di avere una piccola rete con tre server e altrettanti clients. Una situazione indubbiamente inverosimile, ma comunque funzionale per fare un chiaro esempio:

Ruolo	IP	Nome Host	Alias
DNS Server	192.168.20.1	sbs	dns
Mail Server	192.168.20.2	mail	pop3 smtp
Web Server	192.168.20.3	web	www
Workstation1	192.168.20.10	wks01	
Workstation2	192.168.20.11	wks02	
Workstation3	192.168.20.12	wks03	

Notiamo che il Mail server ha due "alias" (canonical name, CNAME) e il web server uno (www). In questo modo possiamo avere, semplicemente, più nomi riferiti allo stesso IP.

Zones

Definiamo la "zona" la cui gestione è delegata al nostro DNS, cioè il dominio e gli eventuali sottodomini sotto la nostra diretta amministrazione. Per una spiegazione più dettagliata sulla terminologia propria usata dai servizi *Domain Name System* non posso che consigliare di approfondire l'argomento sfruttando l'enorme e gratuita mole di documentazione presente in internet cominciando, ad esempio, dal sempre ottimo Wikipedia.

Ubuntu installa un file di configurazione (*/etc/bind/named.conf*) che, se non in casi particolari, non ha bisogno di essere modificato. Esso contiene la configurazione basilare quale, ad esempio, la definizione delle zone di default.

Tutte le nostre personalizzazioni, invece, le faremo su di un apposito file secondario:

```
sudo nano /etc/bind/named.conf.local
```

Aggiungiamo la definizione di zona per l'associazione *IP->host* del nostro dominio:

```
zone "stenoit.com" IN {
    type master;
```

```
      file "/etc/bind/zones/stenoit.com.db";
};
```

e la sua corrispondente "reverse zone" che serve per l'associazione "contraria" *host->IP* :

```
zone "20.168.192.in-addr.arpa" {
    type master;
    file "/etc/bind/zones/20.168.192.in-addr.arpa";
};
```

I nomi dei file sono completamente arbitrari, ma è buona norma usarne di autoesplicativi come quelli proposti qui.

Creazione records DNS

Ora che abbiamo i due file a disposizione non ci resta che "popolarli" con gli opportuni mappaggi.

```
Host->IP file: /etc/bind/zones/stenoit.com.db
IP->Host file: /etc/bind/zones/20.168.192.in-addr.arpa
```

Creiamo il primo:

```
sudo mkdir /etc/bind/zones
sudo nano /etc/bind/zones/stenoit.com.db
```

Inserendo:

```
$ORIGIN .
$TTL 86400      ; 1 day
stenoit.com. IN SOA sbs.stenoit.com. admin.stenoit.com. (
    2010071001 ; numero di serie
    8H ; refresh
    4H ; retry
    4W ; expire
    1D ; minimum
)
```

1. Il "." extra alla fine dei nomi host è importante in quanto indica che il nome scritto è completo. Omettendolo verrebbe automaticamente aggiunto il nome dominio in coda.

2. I parametri settano quando i record DNS spirano ecc.

3. *"admin.stenoit.com."* non è un nome host, ma l'indirizzo di posta (*admin@stenoit.com*) dell'amministratore.

4. Il numero di serie è importante, per evitare conseguenze indesiderate deve essere sempre aggiornato ad ogni modifica ma-

nuale della tabella dei records. Una buona abitudine è adottare un formato anno-mese-giorno-progressivo (*AAAAMMGGPP*).

Andiamo avanti:

```
stenoit.com.        IN   NS        sbs.stenoit.com.
stenoit.com.        IN   MX   10   mail.stenoit.com.

$ORIGIN stenoit.com.
dns                 IN   CNAME     sbs.stenoit.com.
pop3                IN   CNAME     mail.stenoit.com.
smtp                IN   CNAME     mail.stenoit.com.
www                 IN   CNAME     web.stenoit.com.


localhost           IN   A         127.0.0.1

sbs                 IN   A         192.168.20.1
mail                IN   A         192.168.20.2
web                 IN   A         192.168.20.3

wks01               IN   A         192.168.20.10
wks02               IN   A         192.168.20.11
wks03               IN   A         192.168.20.12
```

1. *NS* indica che "*sbs*" è il Name Server di "*stenoit.com*"

2. *MX* che "*mail*" è il mail server del dominio (10 è la priorità, possono essere definiti più mail servers)

3. i "*CNAME*" definiscono gli alias. Ad esempio "*web*" e "*www*" indicano lo stesso host.

Ora occupiamoci del "reverse":

```
sudo nano /etc/bind/zones/20.168.192.in-addr.arpa
```

Dove, come oramai facilmente intuibile, dobbiamo definire l'equivalenza inversa *IP->Host*.

```
$ORIGIN .
$TTL 86400      ; 1 day

20.168.192.in-addr.arpa IN SOA  sbs.stenoit.com. admin.stenoit.com. (
    2010071001 ; serial
    8H ; refresh
    4H ; retry
    4W ; expire
    1D ; minimum
    )
            NS    sbs.stenoit.com.
```

```
$ORIGIN 20.168.192.in-addr.arpa.

1              PTR     sbs.stenoit.com.

2              PTR     mail.stenoit.com.
3              PTR     web.stenoit.com.


10             PTR     wks01.stenoit.com.
11             PTR     wks02.stenoit.com.
12             PTR     wks03.stenoit.com.
```

Dopo aver riavviato il servizio con:

```
sudo /etc/init.d/bind9 restart
```

possiamo testare se funziona. Ad esempio con un :

```
dig web.stenoit.com
```

che, se non ci sono problemi, dovrebbe fornirci in output quanto segue:

```
; <<>> DiG 9.7.0-P1 <<>> web.stenoit.com
;; global options: +cmd
;; Got answer:
;; ->>HEADER<<- opcode: QUERY, status: NOERROR, id: 4619
;; flags: qr aa rd ra; QUERY: 1, ANSWER: 1, AUTHORITY: 1, ADDI
TIONAL: 1

;; QUESTION SECTION:
;web.stenoit.com.                      IN      A


;; ANSWER SECTION:
web.stenoit.com.           86400   IN      A       192.168.20.3

;; AUTHORITY SECTION:
stenoit.com.               86400   IN      NS      sbs.stenoit.com.

;; ADDITIONAL SECTION:
sbs.stenoit.com.           86400   IN      A       192.168.20.1

;; Query time: 0 msec
;; SERVER: 127.0.0.1#53(127.0.0.1)
;; WHEN: Tue Jul  6 16:04:09 2010
;; MSG SIZE  rcvd: 83
```

Se invece ci sono problemi controlliamo il file di LOG, a volte basta sbagliare un nonnulla in fatto di punteggiatura per far si che BIND diventi capriccioso e rifiuti di avviarsi.

In caso contrario Il nostro DNS è già pronto e funzionante.

DHCPD

Se la dimensione della rete è importante, assegnare manualmente indirizzi IP e aggiornare le tabelle DNS potrebbe diventare una attività pesante da gestire. Il piccolo *dnsmasq*, che includeva le funzionalità DHCP, lo faceva automaticamente. Non possiamo farlo anche con BIND?

Non direttamente, è la risposta. Dobbiamo appoggiarci ad un pacchetto software indipendente dal nome poco fantasioso: *DHCPD*, appunto, che si occuperà di distribuire gli indirizzi IP a chi ne farà richiesta.

Installazione DHCPD

Cominciamo con l'installazione del pacchetto:

```
sudo apt-get install dhcp3-server
```

ad installazione terminata riceviamo un messaggio di errore perché non abbiamo naturalmente ancora configurato il servizio. Poniamo rimedio fornendo, per il momento, una configurazione basilare.

Configurazione DHCPD

Iniziamo con il definire l'interfaccia di rete su cui il servizio DHCP sarà attivo, nel nostro caso ovviamente sarà quella interna, e cioè "*eth1*":

```
sudo nano /etc/default/dhcp3-server
```

mettiamo "eth1" nel parametro "INTERFACES":

```
# Defaults for dhcp initscript
# sourced by /etc/init.d/dhcp
# installed at /etc/default/dhcp3-server
# by the maintainer scripts
#
# This is a POSIX shell fragment
#

# On what interfaces should the DHCP server (dhcpd)
# serve DHCP requests?
# Separate multiple interfaces with spaces, e.g. "eth0 eth1".
INTERFACES="eth1"
```

Salviamoci il file di configurazione originale (utile se dobbiamo vedere parametri aggiuntivi) ed editiamo il nuovo file:

```
sudo mv /etc/dhcp3/dhcpd.conf /etc/dhcp3/dhcpd.conf.orig
sudo nano /etc/dhcp3/dhcpd.conf
```

Mettiamoci quanto segue ricordandoci che è solo un esempio, i parametri sono moltissimi come i casi particolari. Fare riferimento alla documentazione ufficiale per maggiori informazioni:

```
ddns-update-style none;

# opzioni comuni a tutte le reti, valori "assegnati" a tutti
option domain-name "stenoit.com";
option domain-name-servers 192.168.20.1;
option netbios-node-type 8;
option nntp-server 192.168.20.1;
option pop-server mail.stenoit.com;
option smtp-server mail.stenoit.com;

default-lease-time 600;
max-lease-time 7200;

# Il DHCP server è quello ufficiale della nostra rete
authoritative;

# Dichiarazione di sottorete con range di indirizzi
# da assegnare e opzioni specifiche

subnet 192.168.20.0 netmask 255.255.255.0 {
  range 192.168.20.100 192.168.20.200;

  # Default gateway
  option routers 192.168.20.1;
  option subnet-mask 255.255.255.0;
}
# All'host wrk01 con MAC address specifico viene
# assegnato questo indirizzo IP fisso

host wrk01 {
  hardware ethernet 08:00:6F:82:92:5A;
  fixed-address 192.168.20.10;
}
```

Vediamo che viene definita la sottorete, in range di indirizzi da assegnare, e altri parametri abbastanza esplicativi, come, ad esempio, l'indirizzo IP fisso da assegnare ad un particolare Host (wrk01) riconoscibile dall'indirizzo fisico (MAC Address) del suo adattatore di rete.

Ora possiamo riavviare il servizio senza errori, e avremmo il DHCP funzionante sulla rete interna.

```
sudo /etc/init.d/dhcp3-server start
```

DNS Dinamico

Dobbiamo, secondo me, ancora compiere un ultimo passo fondamentale: configurare BIND e DHCPD affinché lavorino in tandem in modo che, quando viene assegnato un indirizzo IP ad un Host da DHCPD, venga anche aggiunto o aggiornato automaticamente il relativo record sulle tabelle DNS di BIND chiudendo definitivamente il cerchio.

Spostare i files delle zone

Per prima cosa dobbiamo spostare i file delle zone che abbiamo creato. Ubuntu 10.04 viene installato con la suite di sicurezza *AppArmor*, i cui profili standard permettono la sola lettura in */etc/bind/zones*.

Siccome noi per aggiornare le tabelle abbiamo bisogno ovviamente anche del permesso di scrittura, dobbiamo spostare i files delle zone nella cartella apposita contemplata dai profili di sicurezza di *AppArmor*, */var/lib/bind*.

A dire il vero potremmo anche cambiare il comportamento standard modificando il file:

```
sudo nano /etc/apparmor.d/usr.sbin.named
```

ma il mio consiglio è mantenere la configurazione standard proposta dal maintainer del pacchetto.

Spostiamo dunque i files:

```
sudo mv /etc/bind/zones/* /var/lib/bind/
```

fatto questo assegniamo all'utente "*bind*" la proprietà degli stessi:

```
sudo chown bind.bind /var/lib/bind/*
```

Chiave condivisa

Per fare in modo che il server DHCP sia autorizzato a modificare le tabelle DNS abbiamo bisogno di una chiave "segreta" condivisa tra loro. Generiamola in questo modo:

```
sudo dnssec-keygen -r /dev/urandom -a HMAC-MD5 -b 128 -n USER DHCP_UPDATER
```

e visualizziamola:

```
sudo cat Kdhcp_updater.*.private|grep Key
```

nel mio caso ho ottenuto una cosa del genere:

```
Key: fCbIn6MAtrwI9LYG3QvBgA==
```

Appuntiamocela e proseguiamo con il DNS.

DNS

Procediamo con la configurazione di BIND. Editiamo il file:

```
sudo nano /etc/bind/named.conf.local
```

Aggiungendo la chiave appena generata e variando il percorso del file nella definizione delle zone e specificando che la chiave *DHCP_UPDA-TER* è autorizzata a variare i files di zona:

```
key DHCP_UPDATER {
    algorithm HMAC-MD5.SIG-ALG.REG.INT;

    # Questa è la chiave segreta.
    secret "fCbIn6MAtrwI9LYG3QvBgA==";
};
zone "stenoit.com" IN {
    type master;
    # Cambia il percorso del file
    file "/var/lib/bind/stenoit.com.db";

    # DHCP_UPDATER key.
    allow-update { key DHCP_UPDATER; };
};
zone "20.168.192.in-addr.arpa" {
    type master;
    # Cambia il percorso del file

    file "/var/lib/bind/20.168.192.in-addr.arpa";

    # DHCP_UPDATER key.
    allow-update { key DHCP_UPDATER; };
};
```

DHCP

L'ultimo passo è configurare *DHCPD* in modo che aggiorni le tabelle DNS usando la chiave generata.

```
sudo nano /etc/dhcp3/dhcpd.conf
```

Ecco il file risultante. Poniamo attenzione alle righe in grassetto che evidenziano i parametri di configurazione per l'aggiornamento dinamico delle tabelle:

```
ddns-update-style interim;
ignore client-updates;
ddns-domainname "stenoit.com.";
ddns-rev-domainname "in-addr.arpa.";

# opzioni comuni a tutti le reti, vengono "assegnate" a tutti
option domain-name "stenoit.com";
option domain-name-servers 192.168.20.1;
option netbios-node-type 8;
option nntp-server 192.168.20.1;
option pop-server mail.stenoit.com;
option smtp-server mail.stenoit.com;
```

```
default-lease-time 600;
max-lease-time 7200;

#Il DHCP server è quello ufficiale della nostra rete
authoritative;
key DHCP_UPDATER {
  algorithm HMAC-MD5.SIG-ALG.REG.INT;
  # La chiave condivisa
  secret "fCbIn6MAtrwI9LYG3QvBgA==";
};
zone stenoit.com. {
  primary 127.0.0.1;
  key DHCP_UPDATER;
}
zone 20.168.192.in-addr.arpa. {
  primary 127.0.0.1;
  key DHCP_UPDATER;
}
# Dichiarazione di sottorete con range di indirizzi
# da assegnare e opzioni specifiche
subnet 192.168.20.0 netmask 255.255.255.0 {
  range 192.168.20.100 192.168.20.200;
  #Default gateway
  option routers 192.168.20.1;
  option subnet-mask 255.255.255.0;
}
# All'host wrk01 con MAC address specifico viene assegnato
# questo indirizzo IP fisso
host wrk01 {
  hardware ethernet 08:00:6F:82:92:5A;
  fixed-address 192.168.20.10;

}
```

I nostri files di configurazione contengono la chiave segreta generata. Cambiamo i permessi in modo che non sia leggibile da altri ed eliminiamo il file che la contiene:

```
sudo chmod o-r /etc/bind/named.conf.local
sudo chmod o-r /etc/dhcp3/dhcpd.conf
sudo rm Kdhcp_updater.*
```

Infine assegniamo ai corretti proprietari i files di configurazione e permettiamo agli utenti che lanciano i servizi di interagire reciprocamente. Inseriamo dunque l'utente "dhcpd" nel gruppo "bind" e l'utente "bind" nel gruppo "dhcpd":

```
sudo chown dhcpd.dhcpd /etc/dhcp3/dhcpd.conf
sudo chown bind.bind /etc/bind/*
```

```
sudo adduser dhcpd bind
sudo adduser bind dhcpd
```

Modifica manuale ai files

Ora che i file vengono modificati in modo dinamico dobbiamo prestare attenzione se abbiamo la necessità di aggiungere o modificare manualmente dei records sulle tabelle DNS: Bind mantiene dei file di journaling (*.jnl) con le modifiche apportate dinamicamente che non vengono automaticamente sincronizzate con i file statici. Questo è un problema in quanto fa si che le mie modifiche vengano allegramente ignorate se non presto attenzione.

Ma ovviamente la soluzione c'è : mentre in passato bisognava addirittura fermare il servizio, ora per fortuna basta usare in modo opportuno il comando **rndc** per porre in *"freeze"* (congelare) la zona interessata, apportare le modifiche e fare poi un "unfreeze" (scongelare).

Anziché fare tutto manualmente ecco un piccolo script chiamato per l'occasione *"dnsedit"* che ci aiuta a capire meglio.
Creiamo il file:

```
sudo nano /usr/bin/dnsedit
```

e mettiamoci questo:

```
#!/bin/bash
echo Edit DNS Dinamico
echo ""
rndc freeze stenoit.com
rndc freeze 20.168.192.in-addr.arpa
nano /var/lib/bind/stenoit.com.db /var/lib/bind/20.168.192.in-addr.arpa
rndc unfreeze stenoit.com
rndc unfreeze 20.168.192.in-addr.arpa
echo ""
echo Modifica DNS terminata
```

Et voilà! Ora, dopo aver reso eseguibile lo script con:

```
sudo chmod 755 /usr/bin/dnsedit
```

basta digitare:

```
sudo dnsedit
```

Lo script mi pare molto chiaro:

1. Mette in "freeze" le nostre zone
2. Edita con "nano" i files opportuni permettendoci di aggiungere o modificare i nostri records
3. Una volta uscito dall'editor toglie il freeze dalle zone e termina.

Attenzione! Durante l'editing con "nano" **ricordiamoci di "aumentare"** **il seriale nei files di zona**, altrimenti le nostre modifiche non saranno recepite subito.

Controllo file di zona

Come già detto è facile sbagliare qualcosa scrivendo questi files di configurazione. Prima di avviare il servizio in modo definitivo è preferibile controllare la bontà di quanto abbiamo fatto con il comando apposito *named-checkzone*, specificando il nome di zona e il suo file.

Nel nostro caso:

```
sudo named-checkzone stenoit.com /var/lib/bind/stenoit.com.db
sudo named-checkzone 20.168.192.in-addr.arpa /var/lib/bind/20.168.192.in-addr.arpa
```

Se non ci sono errori non dovremmo ottenere alcun messaggio di errore. Ad esempio:

```
zone stenoit.com/IN: loaded serial 2010071001
OK
```

Alla fine riavviamo i servizi:

```
sudo /etc/init.d/bind9 restart
sudo /etc/init.d/dhcp3-server restart
```

Il nostro DNS/DHCP è pronto e funzionante.

Active Directory

Per impostare un dominio *Active Directory* la raccomandazione ufficiale di Microsoft è quello di mandare in pensione il vostro caro e vecchio DNS Unix/Linux ed usare il software DNS compreso in una qualunque versione server di Windows.

Esistono alcuni documenti ufficiali Microsoft su come configurare BIND per fare in modo che lavori con Active Directory, ma sono tutti un po' obsoleti e criptici da interpretare non spiegando in modo accurato la procedura.

Affidarsi al servizio DNS di Microsoft è una decisione legittima, ma noi, qualora volessimo continuare ad affidarci a Ubuntu Linux per la gestione di questo servizio, vediamo in questo breve paragrafo come risolvere in modo semplicissimo il problema.

Fortunatamente le recenti implementazioni di *Bind* supportano perfettamente il colloquio con un *Domain Controller Active Directory* e la procedura di configurazione si esaurisce nella semplice implementazione del servizio *Dynamic DNS (DDNS)* che abbiamo appena visto. L'unica modifica che dobbiamo aggiungere a quanto già visto è assegnare il permesso di aggiornamento della tabella DNS al server Windows.

Molto brevemente, editiamo il file di configurazione di Bind:

```
sudo nano /etc/bind/named.conf.local
```

e modifichiamo le due righe:

```
allow-update { key DHCP_UPDATER; };
```

in questo modo:

```
allow-update { key DHCP_UPDATER; 192.168.20.2; };
```

dove 192.168.20.2 è l'indirizzo IP del server Windows con Active Directory che sarà abilitato ad aggiornare dinamicamente le zone DNS.

E' tutto. Dopo aver riavviato il servizio possiamo eseguire una installazione personalizzata dei ruoli di Windows Server, senza la necessità di installare i suoi servizi altrimenti necessari come DNS e DHCP.

6

Firewall Server

Un firewall è un sistema designato alla prevenzione di accessi non autorizzati alla o dalla nostra rete privata (che può anche essere solo il sistema stesso). Possono essere implementati con hardware dedicato, con software o con una combinazione di entrambi. Nel caso che tratteremo il nostro piccolo server tuttofare sarà il firewall della nostra azienda. Questa parte è un po' complicata ma mettiamoci il cuore in pace in quanto *non possiamo far a meno di un firewall.*

I firewall sono utilizzati in special modo per prevenire che utenti esterni alla nostra rete possano accedere alla rete locale, ma anche per l'opposto motivo: prevenire che utenti "interni" possano accedere a servizi internet non autorizzati.

Ogni messaggio (meglio: *ogni pacchetto*) che entra o esce dalla nostra rete sarà analizzato dal firewall che, in base ai criteri di sicurezza impostati, potrà abilitare (*allow*) o negare (*deny*) la richiesta.

Shorewall

Shoreline Firewall, più comunemente conosciuto come *Shorewall*, è un tool ad alto livello per configurare *Netfilter,* il componente del Kernel Linux che permette l'intercettazione e la manipolazione dei pacchetti. Le "regole" del firewall sono descritte usando dei file di configurazione in formato testo relativamente semplici da capire ed interpretare nascondendo la complessità insita in Netfilter. Shorewall legge questi file di configurazione e, con l'aiuto dell'utility standard *iptables*, lo configura secondo le nostre esigenze.

Shorewall può essere utilizzato sia in un sistema dedicato che in un sistema GNU/Linux standalone. Vista la sua completezza e la sua ottima documentazione si tratta certamente di un'ottima soluzione.

Installazione

Installiamo *Shorewall* e la sua documentazione con il comando:

```
sudo apt-get install shorewall shorewall-doc
```

Configurazione

La documentazione di Shorewall include dei file di esempio per diverse casistiche comuni già quasi pronti all'uso.
Li troviamo in :

```
/usr/share/doc/shorewall/examples
```

Noi abbiamo un classico server con due interfacce (eth0 e eth1), dunque quelli che a noi interessano si trovano in:

```
/usr/share/doc/shorewall/examples/two-interfaces
```

Ce li copiamo in /etc/shorewall :

```
sudo cp /usr/share/doc/shorewall/examples/two-interfaces/* /etc/shorewall/
```

Shorewall è un progetto complesso ma per fortuna ben documentato. Qui facciamo solo un semplice sunto della questione andando a vedere i file di configurazione che ci servono cercando di capire le basi del suo funzionamento.

/etc/shorewall/interfaces

Qui dobbiamo definire gli "alias" delle nostre interfacce che poi saranno usati negli altri file di configurazione. Per noi sarà così :

```
#ZONE INTERFACE BCAST  OPTIONS
net   eth0      detect tcpflags,routefilter,nosmurfs,logmartians
loc   eth1      detect dhcp,tcpflags,nosmurfs,routeback
```

Quindi da questo momento la nostra scheda "interna" la chiameremo 'loc', quella esterna 'net'. Per le opzioni si veda la guida ufficiale, ma prestiamo particolare attenzione al parametro *dhcp* nella interfaccia locale che permette al nostro server di fornire gli indirizzi IP alla rete interna.

/etc/shorewall/zones

Shorewall suddivide le reti di sua competenza in *zone*. Nella configurazione di esempio *two-interface* sono usati i seguenti nomi definiti nel file */etc/shorewall/zones* :

```
#ZONE TYPE OPTIONS IN OUT
## OPTIONS OPTIONS
fw firewall
```

```
net ipv4
loc ipv4
```

Notiamo che Shorewall assegna una zona anche al firewall stesso (fw): quando il file */etc/shorewall/zones* viene processato, il nome della zona firewall viene memorizzato nella variabile shell **$FW** che può essere usata per riferirsi al firewall stesso nei file di configurazione. Quindi abbiamo tre zone:

```
net -> internet
fw  -> il firewall ossia il server stesso
loc -> la rete locale
```

Ricordiamoci questo, perché quando definiremo le regole (Rules) per abilitare (con ACCEPT) o negare (con REJECT o DROP) il traffico tra le interfacce faremo sempre riferimento alle zone. Ad esempio vogliamo collegarci al server dalla rete locale via ssh ? Dovremmo creare una regola apposita da *loc -> $fw*. Oppure vogliamo accedere a internet dal firewall stesso? Dovremmo creare una regola da *$fw -> net*.

/etc/shorewall/policy

Questo file stabilisce le **policy di default** del nostro server. Il file è ben commentato e ci aiuta a capire il meccanismo che usa Shorewall per configurare il firewall. Ad esempio contiene :

```
#SOURCE DEST POLICY LOG LEVEL LIMIT:BURST
loc     net  ACCEPT
net     all  DROP   info

# THE FOLLOWING POLICY MUST BE LAST
all     all  REJECT info
```

La zona *"all"* non esiste in */etc/shorewall/zones*, viene usata per riferirsi a tutte le zone. Dunque di default il nostro firewall farà passare il traffico dalla rete interna a internet (*loc net ACCEPT*) e bloccherà tutto quello che arriva dall'esterno. Le regole sono applicate in sequenza, quindi è buona abitudine chiudere con l'ultima che rifiuta tutto nel caso avessimo dimenticato di impostare qualche filtro (*all all REJECT*). La differenza tra DROP e REJECT è che il primo ignora semplicemente le richieste, mentre il secondo le rifiuta ed invia una notifica.

Per abilitare il server/firewall ad accedere a internet e i PC della rete locale ad accedere ai servizi del server devo aggiungere/modificare queste policy :

```
#SOURCE DEST POLICY LOG LEVEL LIMIT:BURST
$FW     net  ACCEPT
loc     $FW  ACCEPT
```

```
$FW    loc  ACCEPT
$FW    all  REJECT info
```

Ora anche il nostro server può accedere a internet, e dalla rete locale possiamo collegarci allo stesso (ad esempio con ssh). Da "net", invece viene rifiutato tutto. Con il parametro *"info"* indichiamo a Shorewall di scrivere nel file di log, in questo caso, i tentativi di accesso non autorizzato. Attenzione, come già detto, a lasciare per ultima la policy che blocca tutto! (*all all REJECT*).

/etc/shorewall/rules

In questo file vengono definite le **eccezioni** alle policy di default definite in /etc/shorewall/policy.

Se abbiamo capito il modo in cui opera Shorewall, editando il file possiamo constatare che anche in questo caso il suo principio di funzionamento è facilmente intuibile. Un appunto però lo facciamo, dal momento che viene introdotto un nuovo concetto.

Questo file fa uso delle cosiddette *macro*, delle configurazioni predefinite che shorewall fornisce già pronte. Le possiamo vedere in */usr/share/shorewall* e sono tutti quei file che iniziano con "macro.".

Ad esempio guardiamo *macro.DNS* e *macro.HTTP* :

```
#ACTION SOURCE DEST PROTO DEST SOURCE ORIGINAL RATE USER/
## PORT PORT(S) DEST LIMIT GROUP
PARAM - - udp 53
PARAM - - tcp 53
#LAST LINE -- ADD YOUR ENTRIES BEFORE THIS ONE -- DO NOT REMOVE
```

```
#ACTION SOURCE DEST PROTO DEST SOURCE ORIGINAL RATE USER/
## PORT PORT(S) DEST LIMIT GROUP
PARAM - - tcp 80
#LAST LINE -- ADD YOUR ENTRIES BEFORE THIS ONE -- DO NOT REMOVE
```

vediamo che Shorewall definisce per il DNS le porte UDP e TCP 53 così nel file di configurazione basta che mettiamo:

```
#ACTION        SOURCE DEST PROTO DEST SOURCE
DNS(ACCEPT)    $FW    net
HTTP(ACCEPT)   loc    $FW
```

anziché:

```
#ACTION SOURCE DEST PROTO  DEST SOURCE
ACCEPT  $FW    net  tcp 53
ACCEPT  $FW    net  udp 53
ACCEPT  loc    $FW  tcp 80
```

Molto comodo e più leggibile. Ad esempio blocchiamo il PING dall'esterno e lo abilitiamo all'interno:

```
Ping(ACCEPT)    loc  $FW
Ping(REJECT)    net  $FW
```

IP Masquerading (SNAT)

Le reti delle classi :

- ✔ 192.168.0.0
- ✔ 172.16.0.0 - 172.31.0.0
- ✔ 10.0.0.0

sono riservate alle reti locali e non vengono mai instradate su internet.

Per permettere ad uno dei nostri utenti sulla rete locale di connettersi ad un host su internet deve intervenire il firewall facendo credere all'host remoto che la richiesta arrivi da lui. Quando riceve risposta dall'host remoto il firewall gira i pacchetti sul computer interno che ha generato la richiesta. Questo processo prende il nome di *"Network Address Translation (NAT)"*.

Nei sistemi GNU/Linux, questo processo è anche conosciuto come *"IP Masquerading"* oppure a volte è usato anche il termine *"Source Network Address Translation (SNAT)"*. Shorewall segue la seguente convenzione con Netfilter:

- ✔ **Masquerade** descrive il caso in cui il firewall trova automaticamente l'indirizzo dell'interfaccia esterna
- ✔ **SNAT** il caso in cui viene specificato in modo esplicito l'indirizzo

In Shorewall, sia Masquerading che SNAT sono configurati con il file */etc/shorewall/masq*. Normalmente si usa Masquerading se l'indirizzo dell'interfaccia esterna eth0 ha un indirizzo IP dinamico e SNAT se l'indirizzo IP è statico.

Ecco il file */etc/shorewall/masq* :

```
#INTERFACE SOURCE          ADDRESS  PROTO  PORT(S) IPSEC  MARK
eth0       10.0.0.0/8,\
           169.254.0.0/16,\
           172.16.0.0/12,\
           192.168.0.0/16
```

Nella colonna "SOURCE" sono definite le classi IP riservate alle reti locali anziché una interfaccia fisica che potrebbe anche non essere attiva

al momento in cui Shorewall viene avviato (ad esempio un device virtuale VPN come vedremo in seguito).

Nel nostro caso specifico, dal momento che ovviamente l'interfaccia di
rete locale è sempre attiva (*eth1*), possiamo tranquillamente specificare
lei stessa nella seconda colonna:

```
#INTERFACE SOURCE ADDRESS
eth0       eth1
```

Se l'indirizzo esterno è statico lo possiamo inserire nella terza colonna
del file */etc/shorewall/masq*. Funzionerà lo stesso anche omettendo
questa configurazione ma il processo SNAT (specificando l'indirizzo) dovrebbe essere più efficiente.

```
#INTERFACE SOURCE ADDRESS
eth0       eth1   212.239.29.208
```

Naturalmente le possibilità sono molte, come ad esempio permettere
solo a determinati host di navigare su internet, oppure specificare particolari porte. Lo vedremo nell'ultima parte del capitolo 10. Per ulteriori
dettagli affidiamoci alla guida di Shorewall, per ora ci limiteremo ad una
configurazione base.

Port Forwarding (DNAT)

Spesso capita di dover "girare" le richieste sulle porte del firewall ad
una macchina interna della nostra rete. Supponiamo ad esempio di avere un web server sulla macchina interna con IP 192.168.20.10 che vogliamo far raggiungere dall'esterno quando "puntano" il browser sul mio
server/firewall sulla porta 8080. Basta mettere in */etc/shorewall/rules* :

```
DNAT   net   loc:192.168.20.10:80   tcp   8080
```

Le richieste sulla porta 8080 del firewall verranno trasferite alla macchina interna 192.168.20.10 sulla porta 80.

Avvio del servizio

Prima editiamo il file di configurazione primario di Shorewall :

```
sudo nano /etc/shorewall/shorewall.conf
```

controllando che questi valori siano corretti :

```
#Ricordarsi di mettere "Yes" !
STARTUP_ENABLED=Yes

#Per le funzionalità di gateway
IP_FORWARDING=On

SUBSYSLOCK=/var/lock/shorewall
```

Ora possiamo abilitare il servizio. Per far questo editiamo il file:

```
sudo nano /etc/default/shorewall
```

E mettiamo:

```
startup=1
```

Shorewall si avvia in due modi, o con il classico

```
sudo /etc/init.d/shorewall start
```

oppure con la sua utility:

```
sudo shorewall start
```

La sua utility ha anche funzionalità aggiuntive come ad esempio:

```
sudo shorewall status
```

che ci mostra lo stato del firewall. Se invece ci sono problemi in fase di avvio del servizio possiamo scovarne il motivo guardando il file di log apposito:

```
/var/log/shorewall-init.log
```

Il comando *shorewall* dispone di molte opzioni (*reset, save, show* ...), digitando:

```
sudo shorewall --help
```

possiamo scoprirne di utili specie in fase di definizione delle regole. Ad esempio a volte si commettono imprecisioni con Shorewall, ma spesso basta analizzare il file di LOG :

```
sudo shorewall show log
```

mentre tentiamo "qualcosa". Vedremo subito i motivi del blocco nelle righe a video risultanti.

Considerazioni conclusive

Come già detto che questa materia è *complessa* e va posta in opera *con cognizione di causa*. Spesso una errata configurazione del firewall pregiudica il funzionamento di altri servizi o, peggio, ci si espone a pericoli (informatici, ovvio) inutili.

Qualcuno storcerà il naso per la soluzione adottata, cioè ogni buon amministratore di rete *raramente fa coincidere il firewall con il server aziendale* optando per un hardware esterno. Giusto. Ma questo esula dallo scopo di questa guida. Chi acquista dimestichezza con la materia non avrà nessuna difficoltà a farlo da sé, sia che opti per soluzioni software che hardware dedicate.

Il consiglio che posso dare è (se possibile) *disabilitare Shorewall* quando si prova un nuovo servizio per escludere problemi riconducibili ad un errato filtraggio dei pacchetti. Ad esempio se installo Samba e mi dimentico di permettere il traffico sulle sue porte tra il firewall e la rete locale inutile dire che non funzionerà nulla.

Quindi attenzione: *è fondamentale saper leggere i log* di sistema per individuare i problemi.

7

LAMP Server

LAMP è un acronimo che indica una piattaforma per lo sviluppo di applicazioni web che prende il nome dalle iniziali dei **componenti software** con cui è realizzata.

La piattaforma LAMP è una delle più utilizzate a livello mondiale. Ognuna delle applicazioni dalle quali è composta è predisposta per l'eccellente funzionamento in concomitanza con le altre. Esistono sostanzialmente un paio di varianti che dipendono da quale sistema operativo si usi. LAMP, con Linux e WAMP con Windows.

Naturalmente noi ci occupiamo solo della prima variante. Ecco i nostri interpreti :

- ✔ L - Linux : sistema operativo
- ✔ A - Apache : web server
- ✔ M - MySQL : database
- ✔ P - PHP (o Perl o Python) : Linguaggio di scripting

Credo di non essere distante dal vero se dico che il 95% dei blog mondiali poggiano su questa struttura, se poi aggiungiamo le varianti WAMP e quelle su BSD credo si possa raggiungere una quota ancora più bulgara.

Cosa ce ne facciamo di un servizio di questo genere nella nostra Small Business? Installiamo LAMP perché ci serve il suo aiuto come "spalla" per altri servizi come ad esempio *Webmail,* il *Proxy* o magari altre applicazioni da "corredo" con interfaccia web di cui avremmo bisogno (ad esempio la console dei servizi FAX).

Installazione

l'installazione non è certo una sfida di alto livello, esistono moltissime guide su come fare, ecco la mia interpretazione, che corrisponde a quanto ci serve:

```
sudo apt-get install apache2 apache2-doc php5 libapache2-mod-
php5 php5-cli php5-cgi php5-gd php5-mysql php-pear mysql-server
```

Quando ci viene richiesto impostiamo la password per l'utente amministratore di MySQL.

Abbiamo installato tutto il necessario e qualcosa in più, tipo la documentazione di apache, il supporto a PEAR (la grande libreria on line dei moduli PHP) e il supporto agli script PHP da linea di comando.

Configurazione

Vediamo le poche cose da configurare per il nostro minuscolo LAMP :

Apache

Il file di configurazione di default di Apache2 lo possiamo editare così:

```
sudo nano /etc/apache2/apache2.conf
```

Qui possiamo vedere che oltre ai parametri basilari (che non andremo a toccare) Apache inserisce alla fine numerose "Include" esterne in cui si vanno a configurare gli aspetti specifici del nostro server.
Nelle varie "Include" ad esempio possiamo vedere questa:

```
# Include generic snippets of statements
Include /etc/apache2/conf.d/
```

che fa si che Apache includa tutti i file presenti nella directory, tra cui apache-doc, che ci permette di leggere con un browser la sua documentazione scrivendo nel nostro browser:

```
http://sbs.stenoit.com/manual
```

Facciamo una prova per includere e pubblicare anche la documentazione di Shorewall che abbiamo installato nel capitolo precedente:

```
sudo nano /etc/apache2/conf.d/shorewall-doc
```

E inseriamoci questo:

```
Alias /shorewall /usr/share/doc/shorewall-doc/html/

  <Directory "/usr/share/doc/shorewall-doc/html/">
    Options Indexes FollowSymlinks
    AllowOverride None
```

```
   Order allow,deny
   Allow from all
   AddDefaultCharset off
</Directory>
```

Riavviamo apache:

```
sudo /etc/init.d/apache2 restart
```

oppure facciamogli solo leggere la nuova configurazione.

```
sudo /etc/init.d/apache2 force-reload
```

Ora dal nostro browser possiamo accedere alla documentazione di Shorewall così:

```
http://sbs.stenoit.com/shorewall
```

Apache è un software modulare, carica solo le funzionalità necessarie per la nostra installazione. Possiamo vedere nelle directory:

```
/etc/apache2/mods-available
/etc/apache2/mods-enabled
```

rispettivamente i moduli disponibili installati e quelli abilitati. Se volessimo ad esempio installare un CMS tipo Drupal dovremmo abilitare il modulo *rewrite* che è disponibile ma non abilitato. Per farlo usiamo il comando:

```
sudo a2enmod rewrite
```

Per disabilitarlo usiamo:

```
sudo a2dismod rewrite
```

Per ultimo editiamo il file che contiene la configurazione del nostro sito di default:

```
sudo nano /etc/apache2/sites-available/default
```

e aggiungiamo in testa la direttiva:

```
ServerName sbs.stenoit.com
```

specificando anche la corretta email dell'amministratore:

```
ServerAdmin sbadmin@stenoit.com
```

Per ulteriori approfondimenti facciamo riferimento a qualche guida specifica di Apache o alla documentazione che possiamo trovare online.

PHP

Apache è già configurato per eseguire gli script PHP e quindi non dobbiamo fare nulla. Possiamo infatti controllare che il modulo è già abilitato, con un semplice *ls*:

```
ls -al /etc/apache2/mods-enabled/ | grep php
```

otteniamo:

```
lrwxrwxrwx 1 root root   27 2010-07-28 11:23 php5.conf -> ../mods-available/php5.conf
lrwxrwxrwx 1 root root   27 2010-07-28 11:23 php5.load -> ../mods-available/php5.load
```

Se per qualche motivo non fosse vero abilitiamo lo con un semplice:

```
sudo a2enmod php5
```

Facciamo un ulteriore test creando il file:

```
sudo nano /var/www/phpinfo.php
```

Scrivendo questo:

```
<?php
  phpinfo();
?>
```

Ora dal nostro browser puntiamo l'indirizzo:

```
http://sbs.stenoit.com/phpinfo.php
```

e vedremo la configurazione di PHP e i suoi moduli abilitati.

MySQL

Anche qui di base non c'è nulla da fare, la configurazione di default è
già funzionale ai nostri bisogni.

Ricordo solo che per impostazione predefinita MySQL accetta connessioni solo dal nostro server stesso. Se per qualche motivo volessimo ac-
cedervi da un PC della rete dobbiamo cambiare la configurazione:

```
sudo nano /etc/mysql/my.cnf
```

E impostare la direttiva bind-address sulla interfaccia interna:

```
bind-address           = 192.168.20.1
```

Ora possiamo accedere al database server anche da una stazione interna alla mia rete.

*Attenzione: non è necessario abilitare questa opzione per utilizzare i
servizi LAMP, in questo caso sarà solo il nostro server ad accedere a
MySQL attraverso Apache/PHP e la configurazione di default è già corretta.*

phpMyAdmin

Testiamo il tutto installando un paio di applicazioni che fanno uso dei componenti di una comune installazione LAMP. In più, specie nel proseguo della guida e nella amministrazione quotidiana del server, ci saranno di grande aiuto.

PhpMyAdmin è un'applicazione PHP open source che consente di amministrare in modo semplificato database di MySQL tramite un qualsiasi browser.

Installiamolo e configuriamolo.

```
sudo apt-get install phpmyadmin
```

Quando ci viene chiesto quale web server configurare scegliamo naturalmente apache2. Debconf provvederà a creare il file:

```
/etc/apache2/conf.d/phpmyadmin.conf
```

che ci permetterà di accedere alla gestione del nostro database server da questo indirizzo:

```
http://sbs.stenoit.com/phpmyadmin
```

Prima di terminare l'installazione Phpmyadmin ci chiederà di creare un suo database di configurazione. Accettiamo i default specificando la password di *"root"* che abbiamo impostato durante l'installazione di My-SQL, la stessa che poi ci servirà per accedere alla interfaccia web.

phpLDAPAdmin

La seconda applicazione che installiamo è *phpLDAPAdmin* un tool che ci permetterà di amministrare graficamente attraverso un comune browser il nostro albero LDAP. In particolare noi la useremo al momento di configurare il server IM *Openfire* che incontreremo nel capitolo 13.

Installiamolo così:

```
sudo apt-get install phpldapadmin
```

e configuriamolo editando il suo apposito file per inserire i corretti valori per il nostro albero LDAP:

```
sudo nano /etc/phpldapadmin/config.php
```

e ricercando e impostando i seguenti parametri:

```
$servers->setValue('server','name','Stenoit LDAP Server');
$servers->setValue('server','base',array('dc=stenoit,dc=com'));
$servers->setValue('login','bind_id','cn=admin,dc=stenoit,dc=com');
```

Lasciamo invariati i rimanenti valori.

Ora possiamo accedere alla gestione del nostro LDAP server da questo indirizzo:

```
http://sbs.stenoit.com/phpldapadmin
```

premendo "autentica" e inserendo la password dell'amministratore ldap.

Conclusioni

Noi ci fermiamo qui. Certo non è il massimo che si possa fare ma per i nostri scopi è più che sufficiente dal momento che il server HTTP, come detto, ci serve solo da "accessorio" per altri servizi.

Attenzione sempre al firewall. MySQL dovrebbe essere accessibile solo (se non ho deciso diversamente) dal server stesso, quindi non è necessario "aprire" la sua porta (per la cronaca è la "3306") verso la rete interna. Se non abbiamo abilitato completamente il traffico interno dobbiamo aprire la porta "80" di http aggiungendo al file:

```
sudo /etc/shorewall/rules
```

la direttiva giusta:

```
HTTP(ACCEPT)            loc     $FW
```

e, se voglio sia accessibile dall'esterno, anche:

```
HTTP(ACCEPT)            net     $FW
```

8

File Server

Questa capitolo è probabilmente il più importante. Un file server in una azienda è sicuramente lo scopo principale per cui si installa un server (almeno inizialmente). Oramai nessuno può svolgere i compiti principali senza condivisione di dati tra utenti, e le soluzioni peer to peer hanno limiti che non stiamo neanche a considerare qui. Prima di proseguire sintetizziamo dei concetti di base che devono essere ben chiari prima di passare alla fase di implementazione della rete vera e propria.

Samba

Con GNU/Linux abbiamo diverse possibilità di scelta, ma considereremo solo la soluzione *Samba* che ci permette di interagire ottimamente con dei clients Microsoft Windows che, volenti o nolenti, rappresentano il 98% del mercato desktop aziendale.

Samba è un grande, complesso progetto. Scopo del progetto è l' interoperabilità il più trasparente possibile tra il mondo Microsoft Windows e i sistemi Unix/Linux, offrendo, inoltre, servizi di autenticazione e condivisione file e stampanti da una qualsiasi piattaforma TCP/IP enabled. Le piattaforme originali erano Unix e Linux,ma oggi vengono impiegati con successo anche altri tipi di sistemi.

Cos'è questa guida?

Rischiando di diventare monotoni ricordiamo ancora una volta che questa *NON è una guida completa a Samba e OpenLDAP, o Samba e Active Directory*. Oltre a quanto già ribadito presuppone anche che si abbia già una buona conoscenza di come funziona una rete Windows basata su un dominio.

Lo scopo che ci prefiggiamo qui è quello di descrivere in modo abbastanza esteso un caso di reale implementazione di una rete che utilizza Microsoft Windows sui desktop degli utenti e Linux, Samba e OpenLDAP su lato server in sostituzione dei prodotti server di Microsoft. Essendo un progetto di una certa complessità non bisogna trascurare il fatto che leggere le guide "ufficiali" molto ben fatte e aggiornate di Samba che troviamo sul sito è molto più di un consiglio: fare le cose senza capirle bene è una pessima abitudine.

A margine, come soluzione alternativa, vedremo anche in che modo sia possibile integrare Ubuntu/Linux in qualità di server membro all'interno di una infrastruttura esistente basata su Active Directory.

Samba Server è meglio di Windows Server ?

Ad essere sinceri, secondo me, la risposta è NO. Samba è fantastico nel "mascherare" le evidenti differenze tra le piattaforme Windows e Linux/Posix, il risultato non è perfetto, ma essendo un prodotto in continua e veloce evoluzione, queste "imperfezioni" sono sempre meno percettibili. Va comunque detto che queste "imperfezioni" non si riferiscono alle funzionalità nei servizi offerti da Samba (questi oramai hanno raggiunto un grado di affidabilità molto elevata, considerando il fatto che milioni di PC nel mondo usano questi servizi), ma bensì al fatto di far credere ai client Windows che dalla parte server non c'è Samba ma un "regolare" server Windows. Non tutte le funzionalità sono state implementate (ad esempio i gruppi nidificati e le utili *Group Policy*) e quindi se vogliamo usare Samba qualche caratteristica avanzata deve essere lasciata da parte.

Ricordiamoci, inoltre, che Samba NON può operare come *ADS (Active Directory) Domain Controller* (Windows 2000/2003/2008 server), ma può, come vedremo, efficacemente diventarne membro come server aggiuntivo. La funzionalità ADS Domain Controller sarà inclusa nella versione 4 di Samba ancora in fase di sviluppo.

Samba 3 può "emulare" un *Domain Controller stile Windows NT 4* anche se con notevoli miglioramenti nella scalabilità dovuti in gran parte alla adozione di OpenLDAP come possibile backend (repository) per utenti, gruppi e passwords. Naturalmente dei server Windows 2000, 2003 e 2008 possono efficacemente essere inseriti in un dominio controllato da Samba 3 come server membri.

Perché usare Samba ?

I motivi possono essere molti.

✔ *Risparmio.* Facciamo il conto di quanto costano le licenze per un dominio con il numero di PC nella nostra rete e il server. Attenzione però, inutile illudersi, generalmente i costi di manutenzione sono grossomodo gli stessi.

✔ *Sicurezza.* Evitiamo di sindacare sul livello di sicurezza raggiunto da Windows (dipende naturalmente anche da chi lo installa), ma il fatto che Linux è molto meno preso di mira da virus e allegra brigata ci fa dormire sonni più tranquilli.

✔ *Single Signon.* Con OpenLDAP riesco ad avere un unico repository dei dati utenti/password per tutti i servizi e server aziendali (posta, rete ecc.). Il cambio password di un utente non è più un incubo, ogni Desktop o Server, Windows o Linux che sia, viene autenticato centralmente nell' albero OpenLDAP.

E' più facile usare/amministrare Windows o Linux/Samba ?

Qui sarebbe difficile trovare due persone con la stessa opinione. Personalmente posso dire che Windows e il suo Active Directory Services (ADS è un LDAP pesantemente personalizzato da Microsoft per lo scopo) è un eccellente prodotto e capire come realizzare un dominio con esso vuol dire masticare argomenti disparati quali LDAP, DNS, DHCP, TCP/IP, KERBEROS, WINS, e tutti gli aspetti inerenti ad una rete Microsoft: Primary Domain Controller (PDC), Backup Domain Controller (BDC), Browsing della rete, Access Control List (ACL) alle share, Profili Roaming eccetera. Insomma l'argomento è complesso, e avventurarsi in una installazione di questo tipo senza padroneggiare questi concetti è una pessima idea.

E con Linux/Samba? Stessa cosa, dobbiamo conoscere Linux, come lo si installa e amministra in modo almeno basilare, oltre a tutte le cose dette per Windows: LDAP, DNS, WINS, PDC, BDC, ACL, Profili Roaming ecc.. Ovviamente anche con Samba ci scontreremo con questi concetti basilari.

Alla fine la differenza sarà che con Windows abbiamo dei comodi (ma a parer mio a volte diseducativi) tools grafici per fare il tutto, con Linux un mix tra tools grafici e cari e vecchi (ma efficaci) tools da linea di comando.

Sostituisco i miei server Windows con Linux/Samba ?

Mah, dipende. Se ho già un dominio Windows ADS funzionante significa che ho già investito in licenze ed ammennicoli vari e sostituirlo con Samba non è che porta a svolte miracolose. Io eviterei, ribadisco che ADS è un buon prodotto. Se invece, come vedremo alla fine del capitolo, devo aggiungere un file server al dominio ADS, Samba può essere una valida opzione.

Diverso il caso in cui dovessimo aggiornare dei server Windows NT che da qualche anno ovviamente Microsoft non supporta più. Anche in questo caso la migrazione a Samba può essere una valida opzione.

N.B. Se ho più server ricordiamoci due concetti importanti :

- ✔ Se il PDC è Windows il/i BDC devono essere Windows, i server membri aggiuntivi sia Samba che Windows.
- ✔ Se il PDC è Samba il/i BDC devono essere Samba, i server membri aggiuntivi sia Samba che Windows.

Domain Controller Samba+OpenLDAP

Iniziamo dunque con la soluzione per noi più interessante, quella che ci permette di ottenere un efficiente File Server e Domain Controller senza la presenza di Windows Server nella rete.

Installazione pacchetti

Come primo passo dedichiamoci all'installazione dei pacchetti necessari.

Samba e LDAP tools

Insieme a Samba installiamo anche gli LDAP Tools, degli script realizzati in perl che permettono di gestire utenti e gruppi Samba/Unix salvando i dati sull'albero LDAP anziché sui file */etc/passwd, /etc/shadow e /etc/group*. In pratica sostituiscono i vari comandi standard Linux di gestione degli utenti. Impossibile farne a meno.

```
sudo apt-get install samba samba-doc smbclient smbldap-tools
```

Gli script sono stati copiati/installati in */usr/sbin* e i file di configurazione in */etc/smbldap-tools*.

I comandi sono nella forma (ad esempio per aggiungere un utente) :

```
sudo /usr/sbin/smbldap-useradd nomeutente
```

ma non proviamoci adesso, mancando la necessaria configurazione ottterremo solo un errore.

Facciamo qualcosa in più: data la scomoda lunghezza del comando e la frequenza con cui li useremo creiamo i link simbolici in /bin:

```
sudo ln -s /usr/sbin/smbldap-groupadd /bin/netgroupadd
sudo ln -s /usr/sbin/smbldap-groupdel /bin/netgroupdel
sudo ln -s /usr/sbin/smbldap-groupmod /bin/netgroupmod
sudo ln -s /usr/sbin/smbldap-groupshow /bin/netgroupshow
sudo ln -s /usr/sbin/smbldap-passwd /bin/netpasswd
sudo ln -s /usr/sbin/smbldap-useradd /bin/netuseradd
sudo ln -s /usr/sbin/smbldap-userdel /bin/netuserdel
sudo ln -s /usr/sbin/smbldap-userlist /bin/netuserlist
sudo ln -s /usr/sbin/smbldap-usermod /bin/netusermod
sudo ln -s /usr/sbin/smbldap-usershow /bin/netusershow
```

possiamo farlo anche con l'equivalente (tutto su di una riga):

```
for i in $(ls /usr/sbin/smbldap*) ;
do sudo ln -s $i /bin/net$(echo $i | cut -d"-" -f2);
done
```

La sostanza non cambia, ci troveremo in /bin del comandi più semplici. Ora basta digitare:

```
sudo netuseradd nomeutente
```

Per ottenere il medesimo risultato di prima.

Samba LDAP Schema

Abbiamo bisogno del file di *schema* da applicare a OpenLDAP per memorizzare i dati di cui ha bisogno Samba.

Cos'è un file di schema? LDAP in buona sostanza è un database, lo schema non è altro che il *tracciato record* che descrive, dichiara e crea i campi nel database LDAP. Nello schema Samba ci sono i campi per il nome utente, la password, la home, i gruppi ecc. che servono a memorizzare i nostri dati nell'albero LDAP.

Il file *samba.schema* di cui abbiamo bisogno è fornito con la documentazione di Samba che abbiamo installato prima.

Copiamolo nella directory di openLDAP :

```
sudo cp /usr/share/doc/samba-doc/examples/LDAP/samba.schema.gz /etc/ldap/schema/
sudo gzip -d /etc/ldap/schema/samba.schema.gz
```

Per quanto riguarda l'installazione siamo a posto.

OpenLDAP

Abbiamo già impostato in modo basilare OpenLDAP in precedenza, ora rimettiamo mano alla sua configurazione per includere ciò di cui ha bisogno Samba.

Schema

Per prima cosa dobbiamo inserire le informazioni per Samba nella *"Directory Information Tree" (DIT, vedi capitolo 4)* di OpenLDAP seguendo passo passo le istruzioni, in quanto Samba non viene fornito con il file LDIF necessario. Cominciamo dunque con il creare un file di "conversione":

```
nano /tmp/convert
```

scrivendoci dentro quanto segue:

```
include /etc/ldap/schema/core.schema
include /etc/ldap/schema/collective.schema
include /etc/ldap/schema/corba.schema
include /etc/ldap/schema/cosine.schema
include /etc/ldap/schema/duaconf.schema
include /etc/ldap/schema/dyngroup.schema
include /etc/ldap/schema/inetorgperson.schema
include /etc/ldap/schema/java.schema
include /etc/ldap/schema/misc.schema
include /etc/ldap/schema/nis.schema
include /etc/ldap/schema/openldap.schema
include /etc/ldap/schema/ppolicy.schema
include /etc/ldap/schema/samba.schema
```

Creiamo una directory temporanea:

```
mkdir /tmp/ldif
```

e con *slapcat* eseguiamo la conversione (attenzione, **il comando va tutto in una riga !**) :

```
slapcat -f /tmp/convert -F /tmp/ldif -n0 -s
  "cn={12}samba,cn=schema,cn=config" > /tmp/cn=samba.ldif
```

Ora editiamo il file generato:

```
nano /tmp/cn\=samba.ldif
```

ed eliminiamo il *"{12}"* da queste due righe, in modo che diventino:

```
dn: cn=samba,cn=schema,cn=config
cn: samba
```

poi eliminiamo anche le ultime 7 righe in fondo al file che dovrebbero corrispondere a qualcosa del tipo:

```
structuralObjectClass: olcSchemaConfig
entryUUID: e590d1a8-2e93-102f-98e0-2f490eb3e31a
creatorsName: cn=config
createTimestamp: 20100728130052Z
entryCSN: 20100728130052.689510Z#000000#000#000000
modifiersName: cn=config
modifyTimestamp: 20100728130052Z
```

Per finire, finalmente inseriamo le informazioni nel DIT:

```
sudo ldapadd -x -D cn=admin,cn=config -W -f /tmp/cn\=samba.ldif
```

digitando la stessa password specificata nel capitolo 4.

ACL

Impostiamo le regole di accesso a LDAP. Creiamo prima il file LDIF.

```
nano /tmp/smbacl.ldif
```

E inseriamoci quanto segue (attenzione ai parametri *olcAccess:* devono essere su **una unica riga**!):

```
dn: olcDatabase={1}hdb,cn=config
changetype: modify
add: olcAccess
olcAccess: to dn.base="" by self write by * auth
olcAccess: to attrs=userPassword,sambaNTPassword,sambaLMPassword
  by dn="cn=admin,dc=stenoit,dc=com" write by anonymous auth
  by self write by * none
olcAccess: to * by * read by anonymous auth
```

Soffermiamoci su di un aspetto importante:
il rootdn *"cn=admin,dc=stenoit,dc=com"* ha comunque accesso ai dati in lettura scrittura anche se non specifico nulla, ma di particolare importanza è la regola di accesso con *"userPassword,sambaNTPassword,sambaLMPassword"* che di fatto permette ai singoli utenti di cambiare la propria password direttamente da Windows con un ctrl-alt-canc.

Carichiamo il file per inserire le informazioni nel DIT:

```
sudo ldapmodify -x -D cn=admin,cn=config -W -f /tmp/smbacl.ldif
```

Indici

Ora occupiamoci degli indici utili per velocizzare le ricerche. Questa fase è opzionale, ma comunque consigliata. Ancora una volta creiamo il file LDIF necessario:

```
nano /tmp/smbindex.ldif
```

e scriviamo:

```
dn: olcDatabase={1}hdb,cn=config
changetype: modify
add: olcDbIndex
olcDbIndex: uidNumber eq
olcDbIndex: gidNumber eq
olcDbIndex: loginShell eq
olcDbIndex: memberUid eq,pres,sub
olcDbIndex: uniqueMember eq,pres
olcDbIndex: sambaSID eq
olcDbIndex: sambaPrimaryGroupSID eq
olcDbIndex: sambaGroupType eq
olcDbIndex: sambaSIDList eq
olcDbIndex: sambaDomainName eq
olcDbIndex: default sub
```

Ora non ci resta che caricare i nuovi indici:

```
sudo ldapmodify -x -D cn=admin,cn=config -W -f /tmp/smbindex.ldif
```

Bene, il nostro albero è pronto. Possiamo, volendo, anche controllare se tutto è andato a buon fine con il comando:

```
ldapsearch -xLLL -D cn=admin,cn=config -x -b cn=config -W olcDatabase={1}hdb
```

che dovrebbe mostrarci gli indici attivi e le regole di accesso impostate.

LDAP Tools

Gli *LDAP tools* sono necessari per gestire utenti e gruppi, per poterli utilizzare dobbiamo configurarli a dovere. Per prima cosa fermiamo il servizio, salviamo il file di configurazione originale di Samba e creiamone uno nuovo secondo nostre esigenze:

```
sudo /etc/init.d/smbd stop
sudo mv /etc/samba/smb.conf /etc/smb.conf.backup
sudo nano /etc/samba/smb.conf
```

inserendoci :

```
[global]
        unix charset = LOCALE
        workgroup = STENOIT
        netbios name = SBS
        server string = %h PDC (%v)
        interfaces = eth1, lo
        bind interfaces only = Yes
        enable privileges = yes
        guest account = guest
        domain logons = Yes
        domain master = yes
        preferred master = Yes
        os level = 65
        wins support = Yes
```

```
security = user
ldap suffix = dc=stenoit,dc=com
ldap user suffix = ou=Users
ldap machine suffix = ou=Computers
ldap group suffix = ou=Groups
ldap idmap suffix = ou=Idmap
ldap admin dn = cn=admin,dc=stenoit,dc=com
idmap backend = ldap:ldap://sbs.stenoit.com
idmap uid = 10000-20000
idmap gid = 10000-20000
ldap passwd sync = Yes
#ldap ssl = start tls
ldap ssl = no
```

Come si può notare al momento (ricordo che *il servizio Samba non è in esecuzione*) forniamo solo i dati essenziali, quali il dominio (*workgroup = STENOIT*), il nome del server (*netbios name = SBS*), il suo ruolo di *Domain Controller* (*domain logons = Yes*) e i parametri LDAP.

Come passo successivo prendiamo nota del SID (*Security Identifier*) del nostro dominio. Ricordo che il SID, unito poi al RID (*Relative ID*), è quel nome assegnato da un controller di un dominio Windows durante il processo di logon usato per identificare un oggetto (utente o gruppo ad esempio) in modo univoco. Digitando:

```
sudo net getlocalsid
```

otteremo qualcosa del tipo:

```
SID for domain SBS is: S-1-5-21-2656257307-2709483642-4015171607
```

Ora prendiamoci il file di esempio di *smbldap-tools* e modifichiamolo:

```
sudo cp /usr/share/doc/smbldap-tools/examples/smbldap.conf.gz /etc/smbldap-tools/
sudo gzip -d /etc/smbldap-tools/smbldap.conf.gz
sudo cp /usr/share/doc/smbldap-tools/examples/smbldap_bind.conf /etc/smbldap-tools/
sudo nano /etc/smbldap-tools/smbldap.conf
```

scorrendo i parametri impostiamoli così:

```
#Il SID ricavato con il comando precedente
SID="S-1-5-21-2656257307-2709483642-4015171607"
sambaDomain="STENOIT"
#slaveLDAP="127.0.0.1"
masterLDAP="127.0.0.1"
ldapTLS="0"
#cafile="/etc/smbldap-tools/ca.pem"
#clientcert="/etc/smbldap-tools/smbldap-tools.iallanis.info.pem"
#clientkey="/etc/smbldap-tools/smbldap-tools.iallanis.info.key"
suffix="dc=stenoit,dc=com"
hash_encrypt="MD5"
userGecos="STENOIT Domain User"
defaultMaxPasswordAge="180"
```

```
userLoginShell="/bin/false"
userSmbHome=""
userProfile=""
userHomeDrive="K:"
userScript="%U.bat"
mailDomain="stenoit.com"
```

Gli altri lasciamoli con i valori di default. Salviamo e poi editiamo il file:

```
sudo nano /etc/smbldap-tools/smbldap_bind.conf
```

facendolo diventare così:

```
slaveDN="cn=admin,dc=stenoit,dc=com"
slavePw="ldappwd"
masterDN="cn=admin,dc=stenoit,dc=com"
masterPw="ldappwd"
```

Ricordiamoci ancora una volta che "*ldappwd*" è la password che abbiamo deciso per l'amministratore LDAP nel capitolo 4.

Finito questo proteggiamo i file da modifiche accidentali (*smbldap.-conf*) e anche da occhi indiscreti (*smbldap_bind.conf*):

```
sudo chmod 0644 /etc/smbldap-tools/smbldap.conf
sudo chmod 0600 /etc/smbldap-tools/smbldap_bind.conf
```

Ora non ci resta che dire anche a Samba la password da utilizzare per accedere a LDAP:

```
sudo smbpasswd -w ldappwd
```

se otteniamo una risposta del tipo:

```
Setting stored password for "cn=admin,dc=stenoit,dc=com" in secrets.tdb
```

Significa che fino ad ora tutto va per il verso giusto, e possiamo proseguire.

Popolare LDAP

Per il funzionamento corretto Samba ha bisogno di diversi gruppi predefiniti e 2 utenti: *Administrator* e *guest*. Inoltre, affinché si riesca ad aggiungere computer al dominio in modo automatico (da macchine Windows), deve esistere un utente con uid = 0 da utilizzare per questa operazione. Tale utente può essere un utente root (da aggiungere a mano) o lo stesso Administrator cambiandogli l'uid. Quest'ultima è la scelta presa in questa configurazione, in modo da avere un utente *Administrator che è Administrator per Samba e root per il "dominio" UNIX*.

Gli *ldap tools* forniscono un comodo comando per svolgere questa operazione: *smbldap-populate*. Lanciamolo così con questi parametri:

```
sudo /usr/sbin/smbldap-populate -a administrator -u 5001 -g 5001 -r 5001
-b guest -l 5000
```

al termine ci viene chiesta la password di "*Administrator*", mettiamo la stessa di *root* (se abilitato) per non fare confusione. Dovremmo vedere qualcosa del genere :

```
Populating LDAP directory for domain STENOIT (S-1-5-21-3546531168-
556325961-4035814821)
(using builtin directory structure)

entry dc=stenoit,dc=com already exist.
adding new entry: ou=Users,dc=stenoit,dc=com
adding new entry: ou=Groups,dc=stenoit,dc=com
adding new entry: ou=Computers,dc=stenoit,dc=com
adding new entry: ou=Idmap,dc=stenoit,dc=com
adding new entry: uid=administrator,ou=Users,dc=stenoit,dc=com
adding new entry: uid=guest,ou=Users,dc=stenoit,dc=com
adding new entry: cn=Domain Admins,ou=Groups,dc=stenoit,dc=com
adding new entry: cn=Domain Users,ou=Groups,dc=stenoit,dc=com
adding new entry: cn=Domain Guests,ou=Groups,dc=stenoit,dc=com
adding new entry: cn=Domain Computers,ou=Groups,dc=stenoit,dc=com
adding new entry: cn=Administrators,ou=Groups,dc=stenoit,dc=com
adding new entry: cn=Account Operators,ou=Groups,dc=stenoit,dc=com
adding new entry: cn=Print Operators,ou=Groups,dc=stenoit,dc=com
adding new entry: cn=Backup Operators,ou=Groups,dc=stenoit,dc=com
adding new entry: cn=Replicators,ou=Groups,dc=stenoit,dc=com
adding new entry: sambaDomainName=STENOIT,dc=stenoit,dc=com

Please provide a password for the domain administrator:
```

Come possiamo notare, *smbldap-populate* ha creato utenti e gruppi predefiniti in una installazione di Windows Server. Per vedere se tutto funziona proviamo a creare un utente *user1*:

```
sudo netuseradd -a -m user1
```

diamogli una password :

```
sudo netpasswd user1
```

e controlliamo se l'utente c'è:

```
sudo getent passwd
```

Dovremmo ottenere la lista degli utenti tra cui :

```
administrator:x:0:0:Netbios Domain Administrator:/home/administrator:/bin/false
guest:x:5000:65534:guest:/nonexistent:/bin/sh
user1:x:5001:513:SMBDOM Domain User:/home/user1:/bin/false
```

per le opzioni complete digitiamo *netuseradd* senza parametri e diamo una occhiata. Nell'esempio il parametro *-a* crea sia l'utente unix che samba e *-m* crea la home (*/home/user1*) dell'utente.

Utenti e Gruppi

E' quasi giunto il momento di avviare Samba, ma prima dobbiamo pianificare un po' COSA andremo a condividere e COME impostare gli accessi al file system (ACL). Quello che proponiamo qui è solo un esempio, i casi possono essere innumerevoli, ma questa rappresenta comunque una buona base di partenza.

Definiamo e creiamo un insieme di gruppi e di utenti a cui poi assegnare una condivisione "privata".

Gruppo	Descrizione
commerciale	utenti ufficio commerciale
tecnico	utenti ufficio tecnico
Domain Users	gruppo che contiene tutti gli utenti

Domain Users è già stato creato con *smbldap-populate*. Ogni nuovo utente viene assegnato in modo automatico a questo gruppo.

Creiamo i gruppi

```
sudo netgroupadd -a Commerciale
sudo netgroupadd -a Tecnico
```

Creiamo gli utenti

```
sudo netuseradd -a -m commerciale1
sudo netpasswd commerciale1
sudo netuseradd -a -m tecnico1
sudo netpasswd tecnico1
```

se abbiamo fatto tutto correttamente non dovremmo vedere errori, controlliamo con:

```
sudo getent passwd
```

Alla fine dovremmo vedere gli utenti appena creati:

```
commerciale1:x:5002:513:STENOIT Domain User:/home/commerciale1:/bin/false
tecnico1:x:5003:513:STENOIT Domain User:/home/tecnico1:/bin/false
```

Nota bene: come possiamo vedere ad ogni utente non viene concesso l'accesso shell (*/bin/false*). Se volessimo dare questo privilegio basta modificare l'utente (ad esempio *tecnico1*) così:

```
sudo netusermod -s /bin/bash tecnico1
```

Assegniamo gli utenti ai gruppi

```
sudo netgroupmod -m commerciale1 Commerciale
sudo netgroupmod -m tecnico1 Tecnico
```

Anche qui possiamo controllare con :

```
sudo getent group
```

e ottenere qualcosa del genere:

```
Commerciale:*:5001:commerciale1
Tecnico:*:5002:tecnico1
```

I comandi *net** li troviamo in */bin*: è utile prendere dimestichezza con questi per amministrare utenti e gruppi.

Server membro di Active Directory

Vediamo ora una soluzione alternativa e utile nel caso sia già presente nella rete un ADS Microsoft e se ne voglia utilizzare le funzionalità di autenticazione per realizzare un File Server aggiuntivo.

Ma perché dovremmo utilizzare Samba+Linux se abbiamo già un File Server Windows? Quale vantaggio ne otterremmo? Potremmo azzardarne almeno tre:

1. Maggiore scalabilità. Forse per piccole installazioni non incide molto, ma è utile sapere che le prestazioni di Samba degradano molto più lentamente di quelle di Windows.
2. File System. Mica vorremmo ancora utilizzare un file system che si frammenta?
3. Backup. Solo con file system nativi possiamo usare la tecnica di Backup Snapshot economica ed efficiente illustrata nel capitolo 12.

Installazione pacchetti

Abbiamo già visto come fare in modo che gli utenti vengano autenticati da un server esterno ADS nel capitolo 4 e come effettuare la *join* al dominio, la procedura quindi dovrebbe già essere stata correttamente portata a termine. Ora, se nel capitolo 4 abbiamo scelto la soluzione *Kerberos, Samba e Winbind* non ci serve alcun pacchetto aggiuntivo, se invece abbiamo scelto la soluzione *Likewise Open* dobbiamo aggiungere quanto segue:

```
sudo apt-get install samba samba-doc smbclient winbind
```

I tools *smbldap*, invece, in ogni caso non ci servono.

Utenti e Gruppi

Tutta l'amministrazione degli utenti e dei gruppi viene demandata ai tools forniti in ambiente Windows, quindi localmente sul server Ubuntu non serve fare nulla.

Condivisioni

Occupiamoci ora dell'organizzazione delle condivisioni. Quella che realizzeremo qui naturalmente *non deve essere considerata una regola universale*, ma solo una possibile idea su come approcciare questo argomento. Vediamo, dunque, cosa andremo a condividere, mettendo tutto (tranne le home directory) in */samba*:

Condivisione	Percorso	Descrizione
public	/samba/public	Cartella pubblica. Contiene una cartella per ogni gruppo (vedi dopo)
netlogon	/samba/netlogon	Cartella di sistema necessaria in un *domain controller*. Contiene gli script di logon utente. Non necessaria se il nostro server è membro di un dominio Active Directory.
profiles	/samba/profiles	Cartella di sistema. Necessaria se usiamo i *Profili Roaming* di Windows. Posso usarli anche nel caso di server membro di Active Directory se il server Samba è il file server principale.
rootdir	/samba	Condivisione ad uso backup. Contiene anche i symlink ai file più importanti del server
apps	/samba/apps	Cartella applicazioni. Sola lettura
homes	/home	Cartelle home per gli utenti. Ognuno la sua. Nel caso di Active Directory abbiamo impostato che sia invece /home/STENOIT

public

Questa condivisione è la principale, anziché crearne una per ogni gruppo mettiamo tutto dentro a *public* e "giochiamo" poi con i permessi sulle cartelle. Per capirci meglio :

/samba/public	
/samba/public/commerciale	Cartella per gruppo "Commerciale"
/samba/public/tecnico	Cartella per gruppo "Tecnico"
/samba/public/comune	Cartella condivisa di tutti ("Domain Users")

Quando abbiamo a che fare con molti gruppi potrebbe essere abbastanza noioso e confusionario fare condivisioni separate (L:, M:, N:, etc). Un utente membro di diversi gruppi si troverebbe con molte mappature diverse che esauriscono in breve l'alfabeto. In questo modo invece noi avremo una unica mappatura (L:\) e ognuno vedrà le sottocartelle a cui avrà accesso. Molto più ordinato e comodo.

Nel nostro caso andremo dunque a mappare una unità *L:* (a scelta) sulla condivisione "*public*" e gli utenti del gruppo "Commerciale" vedranno *L:\COMUNE* e *L:\COMMERCIALE*, gli utenti del gruppo "Tecnico" vedranno solo *L:\COMUNE e L:\TECNICO*. Nessuno (tranne i membri del gruppo "*Domain Admins*") possono creare files o cartelle nella root di L:.

Cominciamo con il creare la struttura :

```
sudo mkdir -p /samba/public
sudo mkdir -p /samba/public/commerciale
sudo mkdir -p /samba/public/tecnico
sudo mkdir -p /samba/public/comune
```

sistemiamo i permessi e la proprietà :

```
sudo chmod 770 /samba/public/commerciale
sudo chgrp Commerciale /samba/public/commerciale
sudo chmod 770 /samba/public/tecnico
sudo chgrp Tecnico /samba/public/tecnico
sudo chmod 770 /samba/public/comune
sudo chgrp "Domain Users" /samba/public/comune
```

e controlliamo cosa abbiamo combinato:

```
ls -al /samba/public
```

vedendo qualcosa del genere:

```
drwxr-xr-x 5 root root          4096 2010-07-28 16:53 .
drwxr-xr-x 3 root root          4096 2010-07-28 16:53 ..
drwxrwx--- 2 root Commerciale   4096 2010-07-28 16:53 commerciale
drwxrwx--- 2 root Domain Users  4096 2010-07-28 16:53 comune
drwxrwx--- 2 root Tecnico       4096 2010-07-28 16:53 tecnico
```

setuid

Ora che abbiamo dato i permessi alle cartelle ci troviamo di fronte ad un problema inaspettato. Quando gli utenti creano nuovi files o cartelle nelle condivisioni, questi vengono *flaggati* con *utente=UtenteCreatore* e *gruppo=GruppoDefaultUtente*. Il gruppo di default è "*Domain Users*", quindi tutti i nuovi files vengono impostati con questo gruppo. Dunque i nuovi files creati in "*commerciale*" sono potenzialmente a disposizione anche degli utenti del gruppo "*Tecnico*", essendo anche questi membri del gruppo "*Domain Users*". In questo caso sono protetti dai permessi della cartella stessa, ma potrebbe non essere così in un altro caso. L'utente "*Administrator*" ha come gruppo di default "*Domain Admins*", quindi ogni file creato/copiato/ripristinato dall'amministratore risulta non accessibile dagli utenti "normali". Indubbiamente una bella seccatura dover ogni volta reimpostare a mano i permessi sui files manipolati dall'amministratore.

Per risolvere questo problema ci viene in aiuto il flag *SETUID* di unix. Abilitiamo il flag sul gruppo in questo modo :

```
sudo chmod g+s /samba/public/commerciale
sudo chmod g+s /samba/public/tecnico
sudo chmod g+s /samba/public/comune
```

se ricontrolliamo ora con *ls -al* dovremmo vedere che la tripletta dei permessi sul gruppo è cambiata da *rwx* a *rws* che indica, appunto, che è attivo il *setuid*. Cosa comporta ciò? Semplicemente questo trucchetto fa si che *ogni file creato nelle cartelle avrà come gruppo proprietario il gruppo della cartella e non quello dell'utente*. Quindi ogni file, ad esempio, creato in "commerciale" avrà come gruppo proprietario "*Commerciale*" che corrisponde al gruppo proprietario della cartella.

Ora possiamo usare anche "Administrator" per ripristinare o creare files che saranno accessibili agli utenti normali.

netlogon & profiles

Queste sono due condivisioni di sistema, necessarie quando si configura un *domain controller*. In *netlogon* ci saranno gli script di logon degli utenti (che vedremo come creare al "volo" in modo dinamico), in *profiles* ci saranno i profili utente nel caso usassimo, non sarà il nostro caso, i *profili roaming* di Microsoft.

Creiamo le cartelle e impostiamo correttamente i loro permessi :

```
sudo mkdir /samba/netlogon
sudo mkdir /samba/profiles
sudo chmod 777 /samba/profiles
```

rootdir

Questa è una condivisione di "comodo" accessibile solo all'amministratore. Creiamo anche una cartella *system* con i *link simbolici* alle cartelle o ai file che poi potremmo salvare via condivisione samba da un altro PC per fare dei veloci backup.

```
sudo ln -s /home /samba/home
```

In questo modo l'amministratore accedendo alla condivisione "rootdir" potrà vedere e manipolare tutte le home degli utenti

```
sudo mkdir /samba/system
sudo ln -s /etc /samba/system/etc
sudo ln -s /var/lib/ldap /samba/system/ldap
```

Ora l'amministratore trova nella cartella "system" anche i file di configurazione del server e il database utenti/gruppi di OpenLDAP. Molto comodo, e potrei anche aggiungere altri link senza inventarmi condivisioni "esotiche".

apps

In questa condivisione mettiamo i programmi condivisi nella rete. Solo "Administrator" può scrivere nella cartella, gli altri utenti possono solo leggere e eseguire i file contenuti. Creiamo la cartella e impostiamo i permessi:

```
sudo mkdir /samba/apps
sudo chmod 750 /samba/apps
sudo chgrp "Domain Users" /samba/apps
sudo chmod g+s /samba/apps
```

homes

Questa condivisione è creata automaticamente da Samba. Le home degli utenti saranno mappate con K: e sarà privata ad ogni utente.

Dovremmo esserci. Ora siamo pronti a completare la configurazione di Samba ed ad avviare il servizio.

smb.conf

Ritorniamo, dunque, sul file di configurazione di Samba. Impostiamolo a dovere e avviamo il servizio. Vediamo anche una breve spiegazione dei parametri principali applicati al nostro *smb.conf*

Parametri globali

Andiamo ad editare il file di configurazione di Samba:

```
sudo nano /etc/samba/smb.conf
```

e vediamo cosa scriverci.

Nella sezione *[global]* abbiamo i parametri generali del server, ci soffermiamo solo sui più significativi. Distinguiamo i due casi proposti, Domain Controller Samba+OpenLDAP e Server Membro di un dominio Active Directory.

Domain Controller Samba+OpenLDAP

Il nome del dominio:

```
workgroup = STENOIT
```

Il nome del server :

```
netbios name = SBS
```

Samba rimane in ascolto solo sulle interfacce specificate, la eth0 che è rivolta all'esterno verso internet naturalmente non viene servita.

```
interfaces = eth1, lo
bind interfaces only = Yes
```

Diciamo a Samba che il *repository* di utenti, gruppi e password è il server LDAP:

```
passdb backend = ldapsam:ldap://sbs.stenoit.com
```

Ordine con cui vengono risolti i nomi delle workstation. *Broadcast* per ultimo.

```
name resolve order = wins host dns bcast
```

Script richiamati da Samba quando *da Windows* tento le operazioni specificate. Questo ci permette di usare i tools windows per gestire utenti e gruppi, oltre che ad eseguire la *join* al dominio.

```
add user script = /bin/netuseradd -a -m '%u'
delete user script = /bin/netuserdel '%u'
add group script = /bin/netgroupadd -a -p '%g'
delete group script = /bin/netgroupdel '%g'
add user to group script = /bin/netgroupmod -m '%u' '%g'
delete user from group script = /bin/netgroupmod -x '%u' '%g'
set primary group script = /bin/netusermod -g '%g' '%u'
add machine script = /bin/netuseradd -w '%u'
```

Script di logon eseguiti dagli utenti quando si collegano. %U viene trasformata nel nome utente. Ad esempio l'utente *tecnico1* eseguirà (se esiste) lo script *tecnico1.bat* che si trova in *netlogon*.

```
logon script = %U.bat
```

Non vogliamo i *Profili Roaming*, quindi mettiamo a *null* questi parametri. Attenzione che i parametri *userSmbHome* e *userProfile* specificati in */etc/smbldap-tools/smbldap.conf* hanno la precedenza su questi!

```
logon path =
logon home =
```

Il nostro server è un *domain controller*

```
domain logons = Yes
```

Eleggiamo il nostro server a massima autorità facendolo diventare *Master Browser* per il segmento della nostra rete.

```
domain master = yes
preferred master = Yes
os level = 65
```

Il nostro server è anche server wins

```
wins support = Yes
```

Parametri dell'albero LDAP a cui Samba si collega. In questo modo indichiamo a Samba dove trovare utenti, gruppi, computer e il nome utente da utilizzare per connettersi (admin).

La password di accesso la abbiamo memorizzata precedentemente con il comando *smbpasswd -w.*

```
ldap suffix = dc=stenoit,dc=com
ldap user suffix = ou=Users
ldap machine suffix = ou=Computers
ldap group suffix = ou=Groups
ldap idmap suffix = ou=Idmap
ldap admin dn = cn=admin,dc=stenoit,dc=com
idmap backend = ldap:ldap://sbs.stenoit.com
idmap uid = 10000-20000
idmap gid = 10000-20000
ldap passwd sync = Yes
ldap ssl = no
```

Il tipo di autenticazione da usare (IMPORTANTISSIMO!).

```
security = user
```

Ecco comunque la sezione *[global]* proposta nella sua interezza, utile se vogliamo analizzare per nostro conto anche i parametri non spiegati.

```
[global]
        workgroup = STENOIT
        netbios name = SBS
        server string = %h PDC (%v)
        interfaces = eth1, lo
        bind interfaces only = Yes
        passdb backend = ldapsam:ldap://sbs.stenoit.com
        enable privileges = yes
        log level = 0
        log file = /var/log/samba/%m
        max log size = 50
        smb ports = 139 445
        hide dot files = yes
        name resolve order = wins host dns bcast
        time server = Yes
        guest account = guest
        show add printer wizard = No
        add user script = /bin/netuseradd -a -m '%u'
```

```
delete user script = /bin/netuserdel '%u'
add group script = /bin/netgroupadd -a -p '%g'
delete group script = /bin/netgroupdel '%g'
add user to group script = /bin/netgroupmod -m '%u' '%g'
delete user from group script = /bin/netgroupmod -x '%u' '%g'
 # Disabilitare quando a fare il join al dominio è un Windows NT
 set primary group script = /bin/netusermod -g '%g' '%u'
add machine script = /bin/netuseradd -w '%u'
logon script = %U.bat
# Profili Roaming
#logon path = \\%L\profiles\%U
logon path =
logon home =
logon drive = K:
domain logons = Yes
domain master = yes
preferred master = Yes
os level = 65
wins support = Yes
# LDAP
ldap suffix = dc=stenoit,dc=com
ldap user suffix = ou=Users
ldap machine suffix = ou=Computers
ldap group suffix = ou=Groups
ldap idmap suffix = ou=Idmap
ldap admin dn = cn=admin,dc=stenoit,dc=com
idmap backend = ldap:ldap://sbs.stenoit.com
idmap uid = 10000-20000
idmap gid = 10000-20000
ldap passwd sync = Yes
#ldap ssl = start tls
ldap ssl = no
map acl inherit = Yes
#printing = cups
lock directory = /var/lock/samba
winbind use default domain = yes
winbind enum users = yes
winbind enum groups = yes
security = user
template shell = /bin/false
```

Server membro di Active Directory

Abbiamo già visto i parametri nel capitolo 4. Vediamo a grandi linee cosa significano.

Il nome del dominio:

```
workgroup = STENOIT
```

Diciamo a Samba che il server delle password è il domain controller Active Directory:

```
password server = sbswin.stenoit.com
```

Parametri *winbind* per il mappaggio degli utenti:

```
winbind separator = ^
winbind refresh tickets = yes
idmap backend = rid:STENOIT=70000-1000000
idmap uid = 70000-1000000
idmap gid = 70000-1000000
winbind enum users = yes
winbind enum groups = yes
winbind cache time = 10
winbind use default domain = yes
```

L'utente *root* e i membri del gruppo "Domain Admins" possono amministrare il server:

```
admin users = root @"STENOIT^Domain Admins"
```

Dominio amministrativo di autenticazione Kerberos:

```
realm = STENOIT.COM
```

Ma sopratutto il tipo di autenticazione da usare:

```
security = ads
```

Anche qui, come prima, mostriamo la sezione *[global]* proposta nella sua versione completa:

```
[global]
        server string = %h - File Server
        workgroup = STENOIT
        security = ads
        password server = sbswin.stenoit.com
        passdb backend = tdbsam
        winbind separator = ^
        winbind refresh tickets = yes
        idmap backend = rid:STENOIT=70000-1000000
        idmap uid = 70000-1000000
        idmap gid = 70000-1000000
        winbind enum users = yes
        winbind enum groups = yes
        winbind cache time = 10
        template homedir = /home/%D/%U
        template shell = /bin/bash
        client use spnego = yes
        client ntlmv2 auth = yes
        encrypt passwords = true
        winbind use default domain = yes
        restrict anonymous = 2
        realm = STENOIT.COM
        winbind enum groups = yes
        winbind enum users = yes
        log file = /var/log/samba/%m
        max log size = 50
        map acl inherit = Yes
        printing = bsd
        print command = lpr -r -P'%p' %s
        lpq command = lpq -P'%p'
        lprm command = lprm -P'%p' %j
        unix charset = LOCALE
```

```
        username map = /etc/samba/smbusers
        admin users = root @"STENOIT^Domain Admins"
        log level = 0
        read raw = yes
        write raw = yes
        kernel oplocks = yes
        max xmit = 65535
        dead time = 15
        getwd cache = yes
        socket options = TCP_NODELAY
        delete readonly = yes
        oplocks = yes
```

Come già detto in precedenza questo è solo un esempio, ma perfettamente funzionante in installazioni reali e messo a punto con il passare del tempo.

Ora passiamo alla sezione *condivisioni*.

Condivisioni

Abbiamo visto prima quali condivisioni andiamo a realizzare, vediamo come sono state tradotte sul file di configurazione. Non le esponiamo tutte, ma solo quelle che hanno qualche parametro significativo da spiegare. La versione completa del file *smb.conf* la possiamo trovare alla fine.

public

Nome e percorso condivisione

```
comment = "L: - Cartella Pubblica Utenti"
path = /samba/public
```

Scrivibile:

```
writeable = yes
```

La vediamo nel *browsing* della rete.

```
browseable = Yes
```

Nascondi i file e le cartelle che l'utente non può leggere. Questo è utile, in questa condivisione un utente vedrà solo quello che gli serve anziché chiedersi cosa ci sia "dentro" una cartella che non riesce ad aprire.

```
hide unreadable = Yes
```

Questa serie di parametri guidano la modalità con cui vengono create cartelle e files dagli utenti via rete. Mettiamo quelli elencati che vanno bene per la maggior parte dei casi.

```
directory mask = 0775
create mask = 0775
force create mode = 0775
```

```
force directory mode = 6775
security mask = 0777
force security mode = 0
directory security mask = 0777
force directory security mode = 0
```

I *vfs objects* sono un utile "plugin" di Samba. In questo caso usiamo l'oggetto *recycle* per realizzare un *cestino di rete*. I file eliminati non andranno eliminati immediatamente ma finiranno in una cartella nascosta *.cestino/nomeutente*. Poi faremo uno script (*purge*) per vuotare i cestini ogni tanto. I parametri aggiuntivi ci servono per dire a Samba di non salvare i file temporanei e di backup e di non applicare il *versioning* ai file di Office (creano problemi con il salvataggio automatico di quest'ultimo).

```
vfs objects = recycle
recycle:repository = .cestino/%U
recycle:keeptree = yes
recycle:touch = yes
recycle:versions= yes
recycle:exclude = *.tmp *.bak ~$*
recycle:exclude_dir = /tmp /temp /cache
recycle:noversions = *.doc *.xls *.ppt
```

netlogon

Questa parte deve essere ignorata nel caso si stia installando un server membro di Active Directory. Se invece il nostro server è il Domain Controller questa condivisione di "servizio" è fondamentale per la gestione degli script di logon degli utenti.
Intanto la nascondiamo dal browsing della rete.

```
browseable = No
```

Nel momento in cui l'utente accede alla condivisione (e tutti gli utenti di un dominio lo fanno) viene eseguito */etc/samba/logon.pl* a cui vengono passati dei parametri tipo il nome utente che ha richiamato lo script, il gruppo, l'orario ecc..
Questo piccolo programmino Perl *crea lo script di logon dell'utente "al volo"* secondo le regole definite al suo interno. Ad esempio viene creato *tecnico1.bat* per l'utente *tecnico1*. Potremmo omettere questo parametro e creare a mano lo script, ma così ci è molto più comodo.

```
root preexec = /etc/samba/logon.pl "%U" "%G" "%L" "%T" "%m" "%a"
```

E ora vediamo come è fatto questo *logon.pl*.

```
sudo nano /etc/samba/logon.pl
```

```
#!/usr/bin/perl
#
open LOG, ">>/var/log/samba/netlogon.log";
print LOG "$ARGV[3] - Utente $ARGV[0] collegato a $ARGV[2]\n";
close LOG;

# Elenco utenti per share
$APPS    ="-tecnico1-tecnico2-";
$NOLOGON ="-administrator-";
$DELMAP  ="-winnt-win2k-win2k3-winxp-";
$ADMIN   ="administrator";

# Inizio generazione script
open LOGON, ">/samba/netlogon/$ARGV[0].bat";
print LOGON "\@ECHO OFF\r\n";
print LOGON "ECHO SBS logon script\r\n";
print LOGON "ECHO.\r\n";

# Sincronizza orario con il server
print LOGON "NET TIME \\\\SBS /SET /YES\r\n";

# Se piattaforma PC in lista $DELMAP cancella i vecchi mappaggi
if (index($DELMAP,"-".lc($ARGV[5])."-") >=0)
 {
       print LOGON "NET USE * /DEL /YES\r\n";
 }

# Esci se utente in lista $NOLOGON altrimenti applica i mappaggi comuni
if (index($NOLOGON,"-".lc($ARGV[0])."-") == -1)
  {
     # Disco L: (PUBLIC)
     print LOGON "NET USE L: \\\\SBS\\public /YES\r\n";
     # Disco K: (HOME)
     print LOGON "NET USE K: \\\\SBS\\$ARGV[0] /YES\r\n";

     # Disco X: (APPS)
     if (index($APPS,"-".lc($ARGV[0])."-") >=0)
       {
          print LOGON "NET USE X: \\\\SBS\\apps /YES\r\n";
       }
  }
# Chiudi il file.
close LOGON;
```

Possiamo vedere che *condizioniamo* la creazione dello script in base a delle variabili in testa. Ad esempio solo la lista degli utenti specificata in *$APPS* (*tecnico1* e *tecnico2* separati con "-") avranno la mappatura X:, e gli utenti listati in *$NOLOGON* (administrator) non avranno alcuno script.

Questo programmino Perl può essere modificato ed esteso con semplicità seguendo questo schema di esempio, e ha il pregio di semplificare la gestione degli script di logon.

Vogliamo che anche l'utente "*commerciale1*" mappi la X: per \\SBS\apps? Basta aggiungerlo nella lista *$APPS* e la prossima volta che si collega al server avrà il suo script aggiornato "al volo". In più avremo anche un file di log in */var/log/samba/netlogon.log* che ci informa dell'orario di collegamento degli utenti.

Allo stesso modo è possibile fare uno script che ad esempio scriva sul LOG l'orario in cui un utente si è scollegato usando il parametro *root postexec*.

Attenzione, sia chiaro che i parametri *root preexec* (e *root postexec* che viene eseguito allo "scollegamento") non sono una prerogativa di *netlogon*. Possono essere usati con *qualunque* condivisione per eseguire "qualcosa" al momento del collegamento (e/o dello scollegamento).

Ricordiamoci di renderlo eseguibile:

```
sudo chmod 775 /etc/samba/logon.pl
```

E, per finire, ecco il file di configurazione completo per quel che riguarda le condivisioni da *spulciare* e studiare. Possiamo, ad esempio, notare che abbiamo gestito il cestino anche sulle *home* e autorizzato solo i membri del gruppo "Domain Admins" ad accedere alla condivisione di "servizio" *rootdir*. Nel caso di Server Membro omettiamo questi parametri. La configurazione nella sezione *[global]* è sufficiente. Ricordiamoci anche che la condivisione *[netlogon]* serve solo nel caso in cui il nostro server sia Domain Controller.

```
[public]
        comment = "L: - Cartella Pubblica Utenti"
        path = /samba/public
        writeable = yes
        browseable = Yes
        hide unreadable = Yes
        directory mask = 0775
        create mask = 0775
        force create mode = 0775
        force directory mode = 6775
        security mask = 0777
        force security mode = 0
        directory security mask = 0777
        force directory security mode = 0
        #inherit acls = yes
        #inherit permissions = yes
        vfs objects = recycle
        recycle:repository = .cestino/%U
        recycle:keeptree = yes
        recycle:touch = yes
        recycle:versions= yes
        recycle:exclude = *.tmp *.bak ~$*
        recycle:exclude_dir = /tmp /temp /cache
        recycle:noversions = *.doc *.xls *.ppt

[homes]
        comment = "K: - Cartella privata di %U, %u"
        writeable = yes
        create mask = 0700
        directory mask = 0775
        browseable = No
```

```
        force user = %U
        vfs objects = recycle
        recycle:repository = .cestino
        recycle:keeptree = yes
        recycle:touch = yes
        recycle:versions= yes
        recycle:exclude = *.tmp *.bak ~$*
        recycle:exclude_dir = /tmp /temp /cache
        recycle:noversions = *.doc *.xls *.ppte_dir = /tmp /temp /cache
        recycle:noversions = *.doc *.xls *.ppt

[rootdir]
        comment = Cartella globale, solo per amministrazione e backup
        path = /samba
        writeable = yes
        browseable = yes
        directory mask = 0770
        create mask = 0775
        force create mode = 0775
        force directory mode = 6775
        security mask = 0777
        force security mode = 0
        directory security mask = 0777

        # Solo nel caso Domain Controller
          admin users = Administrator
          valid users = "@Domain Admins"

        force create mode = 0644
        force directory mode = 6775

[apps]
        comment = "X: - Applicazioni"
        path = /samba/apps
        writeable = yes
        browseable = Yes
        directory mask = 0770
        create mask = 0775
        security mask = 0777
        force security mode = 0
        directory security mask = 0777
        force directory security mode = 0
        hide unreadable = Yes
        force create mode = 0775
        force directory mode = 6775

# Solo nel caso Domain Controller
[netlogon]
        comment = Network Logon Service
        path = /samba/netlogon
        guest ok = Yes
        locking = No
        browseable = No
        root preexec = /etc/samba/logon.pl "%U" "%G" "%L" "%T" "%m" "%a"
        #root postexec = /etc/samba/logoff.pl "%U" "%G" "%L" "%T"


[profiles]
        comment = Profile Share
        path = /samba/profiles
        writeable = yes
```

```
create mask = 0660
directory mask = 0770
profile acls = Yes
browsable = No
```

Avvio del servizio

```
sudo /etc/init.d/smbd start
```

Ora che finalmente abbiamo avviato Samba, possiamo fare la *join* (l'unione) del server al nostro dominio, controlliamo che funzioni e creiamo un paio di script bash utili per la manutenzione del sistema.

Join al dominio

La *join* si fa così :

```
sudo net rpc join -S SBS -U administrator
```

dopo aver digitato la password dovremmo vedere il messaggio:

```
Joined domain STENOIT.
```

In questa fase Samba ha creato l'account workstation per il nostro server nel suo *backend* LDAP nel formato *nomemacchina$*. Andiamo a vedere se è vero con il comando *getent*:

```
sudo getent passwd
```

Alla fine dovremmo vedere il nostro server :

```
sbs$:*:5004:515:Computer:/dev/null:/bin/false
```

Test funzionamento

Controlliamo subito. Facciamolo con i comandi di Samba, così siamo sicuri che sia lui a rispondere alle nostre richieste:

```
sudo pdbedit -L
```

Un Server Membro dovrebbe mostrarci solo gli utenti locali, mentre un Domain Controller la lista degli utenti, tipo questa:

```
Administrator:0:Administrator
guest:5000:guest
commerciale1:5001:commerciale1
tecnico1:5002:tecnico1
sbs$:5004:Computer
```

e ora controlliamo anche le condivisioni :

```
sudo smbclient -L localhost -U administrator
```

dopo la password dovremmo vedere una cosa del tipo :

```
Domain=[STENOIT] OS=[Unix] Server=[Samba 3.4.7]
        Sharename       Type      Comment
        ---------       ----      -------
        public          Disk      L: - Cartella Pubblica Utenti
        rootdir         Disk      Cartella globale, solo per amministrazione e back
        apps            Disk      X: - Applicazioni
        IPC$            IPC       IPC Service (sbs PDC (3.4.7))
        Administrator   Disk      K: - Cartella privata di administrator

   Domain=[STENOIT] OS=[Unix] Server=[Samba 3.4.7]


        Server              Comment
        ---------           -------
        SBS                 sbs PDC (3.4.7)


        Workgroup           Master
        ---------           -------
        STENOIT             SBS
```

Nel caso di Server Membro vedremo i riferimenti ad ADS.

Perfetto. Il nostro Domain Controller è pronto ad accogliere le nostre workstation Windows (e Linux) mentre il nostro Server Membro è pronto a lavorare in tandem con il Domain Controller Active Directory.

Scripts di Manutenzione

Ecco un paio di script di manutenzione utili nell'amministrazione del nostro File Server.

purge

In precedenza abbiamo abilitato il plugin Samba per gestire il *cestino* del server: quando un utente elimina un file in realtà Samba lo sposta nella cartella .*cestino/nomeutente* che abbiamo definito. Pare ovvio che non possiamo lasciarli lì per sempre ma abbiamo bisogno di *purgare* i cestini di tanto in tanto per mantenere il sistema pulito dalla spazzatura.

Chi ha conosciuto *Novell Netware* non può non ricordare il comando *purge* che svolgeva egregiamente questa funzione, purtroppo qui non abbiamo niente di simile, e dobbiamo arrangiarci con uno *script bash*. Creiamo il file:

```
sudo nano /bin/purge
```

e inseriamoci quanto segue:

```
#!/bin/bash
# purge
# Vuota il cestino degli utenti e di sistema
# by steno 2005-2007

# Controlla i parametri
if [ $# = 0 ]
 then
    echo "uso: purge {all|<username>}"
```

```
  exit;
else
  if [ $1 = 'all' ]
    then
    DIR=`ls /home -F | awk '/\/$/ {sub( /\/$/,""); print}'`;
    else
    DIR=$1;
  fi;
fi;

# Vuota il cestino privato degli utenti
for user in $DIR; do
  if [ -e /home/$user/.cestino ];
    then
    X="`(cd /home/$user/.cestino ; echo *)`";
    if [ ! "$X" = "*" ] ; then
            echo "Elimina file dal cestino utente <$user>";
            rm /home/$user/.cestino/* -r;
    else
            echo "Cestino personale utente <$user> vuoto";
    fi;
  fi;
done;

# Vuota il cestino globale di "public"
DIR=`ls /samba/public/.cestino -F | awk '/\/$/ {sub( /\/$/,""); print}'`;

for user in $DIR; do
  X="`(cd /samba/public/.cestino/$user ; echo *)`";
  if [ ! "$X" = "*" ] ; then
   echo "Elimina file dal cestino globale utente <$user>" ;
   rm /samba/public/.cestino/$user -R;
  else
   echo "Cestino globale utente <$user> vuoto";
  fi
done;
```

Lo script è suddiviso in due parti, la prima si occupa del cestino di ogni singola */home/user*, la seconda del cestino della share principale *public*. Rendiamo eseguibile lo script:

```
sudo chmod 755 /bin/purge
```

e creiamo il Cestino globale dando i permessi corretti alla cartella:

```
sudo mkdir /samba/public/.cestino
sudo chmod 770 /samba/public/.cestino
sudo chgrp "Domain Users" /samba/public/.cestino
```

Ora basta digitare *purge all* da shell per vuotare tutti i cestini, *purge tecnico1* per il cestino del solo utente *tecnico1*. Prendiamo anche in considerazione la possibilità di schedularlo con *crontab* per avviarlo automaticamente al "calar della notte".

setchown

Questo script si usa meno del precedente, ma in alcuni casi è molto utile. Qual'è il suo compito? Semplice, *corregge i permessi su file e directory delle home degli utenti*.

A volte succede, come amministratore, di ripristinare, copiare o spostare dei file da una cartella di un utente ad un altro e poi di dover manualmente lavorare di *chown* e *chmod* per sistemare il tutto. Lo script *setchown* lo fa da solo spazzolando tutte le home degli utenti (con il parametro *all*) correggendo permessi e proprietà. Creiamo il file:

```
sudo nano /bin/setchown
```

e inseriamoci quanto segue:

```
#!/bin/bash
# setchown
# Setta il proprietario della home dir e dei file allo user
# escludi dal processo le home listate nella var "exclude"

exclude="sbsadmin ftp";

# Controlla i parametri
if [ $# = 0 ]
 then
    echo "uso: setchown {all|<username>}"
    exit;
 else
   if [ $1 = 'all' ]
    then
     DIR=`ls /home -F | awk '/\/$/ {sub( /\/$/,""); print}'`;
    else
     DIR=$1;
   fi;
fi;

for user in $DIR; do
    mask=${exclude#*$user};
    if [ "$mask" = "$exclude" ]
      then
       chown $user /home/$user -R
       chmod 700 /home/$user
       echo "Permessi corretti in /home/$user";
    fi
done
```

Anche qui vediamo che possiamo digitare *setchown all* per tutte le home oppure *setchown tecnico1* per la singola home.

Non dimentichiamoci di rendere eseguibile lo script:

```
sudo chmod 755 /bin/setchown
```

Nella variabile *$exclude* nello script possiamo inserire la lista delle cartelle in home che eventualmente non vogliamo processare.

Firewall

Se non abbiamo concesso libero accesso da locale con
/etc/shorewall/policy dobbiamo sistemare il firewall, modificando il file
rules:

```
sudo nano /etc/shorewall/rules
```

aggiungendo le nuove regole:

```
SMB(ACCEPT) $FW loc
SMB(ACCEPT) loc $FW
```

Per riavviare il servizio usiamo il comando *shorewall*, così vediamo se
abbiamo commesso sbagli:

```
sudo shorewall restart
```

Un caso pratico

Per domini semplici da pochi utenti potremmo essere già a posto così,
ma la realtà è ben diversa dalla teoria e nel proseguo scopriremo uno
dei perché con un semplice esempio.

In un ambiente reale di lavoro raramente la configurazione è così li-
neare e semplice e può di sovente capitare un caso particolare che non
riusciamo a gestire.

Ecco un esempio pratico che dimostra ancora una volta, se ce ne fosse bisogno, come possa essere lontano il confine fra la teoria e la pratica. Raccontiamo una storia.

Gli utenti Windows

Tutti abbiamo usato o usiamo tuttora Windows. Voglia o no questo sistema operativo rappresenta il *motore* del 92%-94% (a seconda degli
studi) dei PC in questo pianeta. Impossibile non farci i conti.

Un tipico utente di questo sistema operativo (e per tipico intendo chi lo
usa per lavoro o per gioco senza conoscenze tecniche informatiche)
non ha mai avuto a che fare con *diritti di accesso e permessi* su file o
attività del computer. Probabilmente non sanno nemmeno che esistono
dato che il 99% dei PC con Windows lavorano con *Administrator* o con
un utente equivalente. (Spesso se ci si sottrae a questa regola addirittura certi software non funzionano, quindi candidamente ammetto che
pure io in Windows lavoro come *Administrator*).

Ma quando però scoprono che esistono possono uscirsene con richieste fantasiose:

"Io voglio vedere i file di Antonio che può vedere quelli di Giovanni che però non può cancellare quelli di Lucia. Ok ? "

Vengono da noi "Network Administrator" e cominciano a bombardarci con richieste di questo tipo.

Senza andare sul paradossale presentiamo un caso molto frequente e per niente ingiustificato, e vediamo se riusciamo a risolverlo con Samba. Ecco, ad esempio, quale potrebbe essere la richiesta:

"Antonio e Giovanni disegnano e amministrano le schede tecniche dei prodotti. Vorrei che salvassero i disegni su L:\prodotti e che Lucia e Maria potessero visualizzarle o inviarle ai clienti senza però poterle cancellare o modificare."

Bé, richiesta ragionevole direi. Sufficiente, però, a metterci in crisi. Vediamo perché.

Mettiamoci al lavoro

Allora, noi abbiamo la condivisione *"public"* (che i nostri utenti chiamano L:\), creiamo gli utenti, la cartella *"prodotti"* e un gruppo *"Prodotti"* che come membri ha Antonio e Giovanni. Se stiamo operando con un Server Membro di Active Directory per creare utenti e gruppi dobbiamo ovviamente usare i tools messi a disposizione da Windows, altrimenti facciamolo con i comandi messi a disposizione da *smbldap* come abbiamo già visto:

```
sudo netuseradd -a -m Antonio
sudo netpasswd Antonio
sudo netuseradd -a -m Giovanni
sudo netpasswd Giovanni
sudo netgroupadd -a Prodotti
sudo netgroupmod -m Antonio,Giovanni Prodotti
```

Creiamo anche le cartelle necessarie e assegniamo i permessi:

```
sudo mkdir /samba/public/prodotti
sudo chmod 770 /samba/public/prodotti
sudo chgrp Prodotti /samba/public/prodotti
sudo chmod g+s /samba/public/prodotti
```

Ora *Antonio* e *Giovanni* hanno a disposizione L:\prodotti su cui possono leggere e scrivere liberamente senza aver minimamente modificato la configurazione di Samba, abbiamo solo agito su utenti gruppi e permessi sul file system.

Andiamo avanti. Per *Lucia* e *Maria* creiamo un gruppo "Prodotti-RO" (Read Only) sempre usando i tools opportuni:

```
sudo netuseradd -a -m Lucia
sudo netpasswd Lucia
sudo netuseradd -a -m Maria
sudo netpasswd Maria
sudo netgroupadd -a Prodotti-RO
sudo netgroupmod -m Lucia,Maria Prodotti-RO
```

E adesso cosa facciamo ?

1. *Cambio permessi a /samba/public/prodotti in 775 così gli "altri" possono leggerci ma non scriverci.* Sbagliato. Così anche gli utenti del gruppo "Commerciale" che non c'entrano nulla possono leggerci.
2. *Uso i parametri di smb.conf "Read List" e "Write List".* Sbagliato. I parametri agiscono su tutta la share/condivisione "public" e hanno la precedenza su quelle del file system. Lucia e Maria non potrebbero scrivere nemmeno su L:\COMUNE.
3. *Faccio una share "prodotti" apposita e slegata da "public".* Ok, funziona ma a noi non piace. Se per ogni caso del genere dobbiamo fare una share nuova in breve esauriamo le lettere dell'alfabeto per mapparle e il nostro *smb.conf* diventa un libro. E poi ci hanno richiesto "L:\prodotti", non vorremmo mica deluderli? Con Windows si fa in due secondi.

Samba non c'entra con questa limitazione. Samba poggia i suoi servizi sul file system che trova (ext3 o ext4 nel nostro caso) e fa il possibile per "mascherarlo" ma in questo caso non può nulla.

Semplicemente abbiamo scoperto la forte limitazione del meccanismo "tripletta" *rwxrwxrwx* tipico di Unix e Linux. Fanno quasi tenerezza se confrontati con la granularità di permessi che riusciamo a raggiungere con NTFS.

Inadeguati. Completamente inadeguati. Fortunatamente qualcuno ci ha fatto caso prima di noi, e un bel po' di anni fa.

ACL POSIX

La soluzione al nostro problema passa attraverso una estensione della gestione dei permessi chiamate **ACL POSIX**. Ancora una bozza, non facili da capire e gestire ma perfettamente funzionanti su Linux.

Installiamo il pacchetto:

```
sudo apt-get install acl
```

Editiamo il nostro /etc/fstab :

```
sudo nano /etc/fstab
```

e abilitiamole specificando il flag "acl" nel mount del nostro file system, che avrà un nome impegnativo dietro ad una stringa "UUID". Ad esempio:

```
# /dev/sda1
UUID=5ffc3239-8b00-45b9-a65c... / ext4 relatime,errors=remount-ro 0 1
```

diventa:

```
# /dev/sda1
UUID=5ffc3239-8b00-45b9-a65c... / ext4 acl,relatime,errors=remount-ro 0 1
```

Riavviamo il server e siamo a posto. Abbiamo le estensioni attivate.

setfacl & getfacl

Questi sono i nostri due nuovi amici, *setfacl* per settare i permessi estesi e *getfacl* per visualizzarli. Non stiamo a spiegare come funzionano in dettaglio le ACL Posix, c'è chi lo ha già fatto in modo ottimale, su internet basta cercare qualcosa sull'argomento. Questa è la nostra situazione:

```
drwxrws--- 2 root Prodotti     4096 21 dic 15:46 prodotti
```

Visualizziamola con :

```
sudo getfacl /samba/public/prodotti
```

e otteniamo questo, non abbiamo attivato alcuna estensione e quindi corrispondono ai normali flag che tutti conosciamo :

```
# file: samba/public/prodotti
# owner: root
# group: Prodotti
user::rwx
group::rwx
other::---
```

Ora impostiamo i nostri sospirati permessi al gruppo "Prodotti-RO":

```
sudo setfacl -d -m group:Prodotti-RO:r-x /samba/public/prodotti
sudo setfacl -m group:Prodotti-RO:r-x /samba/public/prodotti
```

Visualizziamo di nuovo:

```
sudo getfacl /samba/public/prodotti
```

e questa volta ottengo:

```
# file: prodotti
# owner: root
# group: Prodotti
user::rwx
group::rwx
group:Prodotti-RO:r-x
mask::rwx
other::---
default:user::rwx
default:group::rwx
default:group:Prodotti-RO:r-x
default:mask::rwx
default:other::---
```

Bene. Abbiamo dato i permessi di lettura al gruppo "Permessi-RO", impostandoli anche come default. Problema risolto.

Se adesso riguardiamo la situazione con *ls -al* vediamo questo :

```
drwxrws---+  2 root Prodotti    4096 21 dic 15:46 prodotti
```

Il segno **+** alla fine indica che nella cartella *prodotti* sono attive le estensioni ACL Posix.

Quale deve essere la lezione? Questa ultima parte serve sopratutto per capire come anche problemi semplici a volte possono farci traballare e desistere se non si hanno delle basi. E se ne potrebbe fare una lunga lista di esempi come questo, anche qualcuno da cui non se ne esce. I manuali di Samba in PDF hanno oltre 1200 pagine, e nessuna scritta per nulla. La cosa in parte divertente è che leggendoli e studiandoli capiremo pure come funziona Windows meglio di molti altri.

Quote Disco

Prima di terminare analizziamo un altro aspetto interessante, specie in reti medio grandi, ma spesso trascurato: la gestione delle *"Journaled Disk Quotas"*.

Attraverso questa funzione è possibile assegnare ad utenti o a gruppi una quota disco che non è possibile superare. Questo, come per le ACL Posix, coinvolge il file system ed è possibile settarle solo sull'intero volume montato, e non sulla singola directory o condivisione che sia. Quindi se volessimo specificare quote disco differenti per, ad esempio, la "home" (K:) e la "public" (L:) esse dovranno risiedere su file system separati. Samba poi di "riflesso" recepirà queste impostazioni e ogni utente/gruppo vedrà il volume montato della dimensione massima che potrà utilizzare.

In più le quote possono non solo controllare il numero di byte consumati, ma anche il numero di *inodes:* questo significa poter di fatto impostare il numero massimo di files che un utente/gruppo è abilitato a creare.

Concetti

Prima di implementare le quote, è meglio innanzitutto capire come in effetti esse lavorano. Il primo passo in questo processo e comprendere il modo in cui le *"Disk Quotas"* vengono applicate. Abbiamo tre concetti fondamentali da assimilare, *"Hard Limit", "Soft Limit"* e *"Grace Period".* Vediamo cosa significano ed in seguito come impostarli.

Hard Limit

l'*"hard limit"* definisce il numero massimo di spazio disco (o il numero massimo di files) che l'utente o il gruppo può usare (o creare). Quando il limite è raggiunto non viene concesso altro spazio e viene generato un errore.

Soft Limit

Il *"soft limit"* definisce il limite massimo di spazio disco (o il numero massimo di files) che possono essere usati (o creati). Tuttavia, a differenza dell'*"hard limit"* visto in precedenza, il limite può essere superato per un certo tempo. Questo tempo viene chiamato *"grace period".*

Grace Period

Il *"grace period"* è, come abbiamo visto, il tempo durante il quale il *"soft limit"* può essere superato. Il *"grace period"* può essere espresso in secondi, minuti, ore, giorni, settimane o mesi, dandoci una grande flessibilità per definire in modo preciso per quanto tempo i nostri utenti possono eccedere il limite da noi impostato.

Installazione e configurazione

Per prima cosa occupiamoci dell'installazione dei pacchetti necessari:

```
sudo apt-get install quota quotatool
```

Editiamo ancora, come per le ACL, il nostro */etc/fstab* :

```
sudo nano /etc/fstab
```

e abilitiamo le *"Disk Quotas"* (con *Journaling*)specificando i flag opportuni nel mount del nostro file system, ad esempio:

```
# /dev/sda1
UUID=5ffc3239-8b00-45b9-a65c... / ext4 acl,errors=remount-ro 0 1
```

diventa (**tutto sulla stessa riga**) :

```
# /dev/sda1
UUID=5ffc3239-8b00-45b9-a65c... / ext4 acl,usrjquota=aquota.user,
grpjquota=aquota.group,jqfmt=vfsv0,errors=remount-ro 0 1
```

Creiamo ora i file necessari e "rimontiamo" il file system (ricordiamoci che in questo esempio stiamo sempre parlando del file system root "/"):

```
sudo touch /aquota.user /aquota.group
sudo chmod 600 /aquota.*
sudo mount -o remount /
```

A questo punto il nostro file system è in grado di lavorare con le quote, anche se non è ancora pronto a supportarle. Per ovviare a questo bisogna prima eseguire il comando *quotacheck* che si occuperà di esaminare il file system e di creare la tabella sull'uso attuale per ogni utente (il file creato precedentemente, *aquota.user*) e per ogni gruppo (il file *aquota.group*). Alla fine del processo abilitiamo definitivamente la gestione con il comando *quotaon*:

```
sudo quotacheck -avugm
sudo quotaon -avug
```

E' tutto, le estensioni *"Journaled Disk Quotas"* sono attive e funzionanti.

Assegnare le quote

Il meccanismo con cui si assegnano le quote è relativamente semplice. Dobbiamo usare il comando *edquota* sia per quanto riguarda gli utenti che i gruppi, tenendo ben presente che le quote assegnate ad uno specifico utente hanno la precedenza su quelle del gruppo a cui appartiene.

edquota usa l'editor di sistema per modificare le impostazioni, allo stesso modo dei comandi *visudo* o *crontab -e*. Facciamo un esempio:

```
sudo edquota -u tecnico1
```

viene lanciato l'editor e dovremmo vedere qualcosa del genere:

```
Disk quotas for user tecnico1 (uid 5003):
 Filesystem  blocks    soft     hard    inodes    soft     hard
 /dev/sda1       20       0        0         5       0        0
```

Il valore *"0"* significa che non c'è nessun limite. Con l'editor possiamo variare questi valori, ad esempio scrivendo:

```
Disk quotas for user tecnico1 (uid 5003):
 Filesystem  blocks    soft     hard    inodes    soft     hard
 /dev/sda1       20 5000000  7000000         5       0        0
```

definiamo che l'utente *"tecnico1"* ha un soft limit di *5GB* e un hard limit di *7GB*. Il limite sarà visibile, come dimensione massima del disco, anche se l'utente si collegherà da Windows ad una condivisione del server sul file system.

Allo stesso modo posso impostare le quote a livello di gruppo, anche se esiste una complicazione data dal fatto che, a livello Samba, vengono recepite solo le quote assegnate al gruppo principale dell'utente che, come definito dal parametro *defaultUserGid* nel file */etc/smbldap-tools/smbldap.conf*, è il gruppo *"Domain Users" (Gid=513)*.

```
# Default User (POSIX and Samba) GID
defaultUserGid="513"
```

Dunque per poter con efficacia assegnare una quota che coinvolga tutti i membri di un gruppo diverso da "Domain Users", devo prima variare il gruppo principale dell'utente. Facciamo un esempio con gli utenti "tecnico1" e "tecnico2" membri del gruppo "tecnico" a cui vogliamo assegnare una quota. Iniziamo con il trovare il GID del gruppo che ci interessa:

```
sudo netgroupshow tecnico
```

Otterremo qualcosa del genere:

```
dn: cn=Tecnico,ou=Groups,dc=stenoit,dc=com
objectClass: top,posixGroup,sambaGroupMapping
 cn: Tecnico
 gidNumber: 5003
 sambaSID: S-1-5-21-3546531168-556325961-4035814821-11007
 sambaGroupType: 2
 displayName: Tecnico
 memberUid: tecnico1,tecnico2
```

Impostiamo dunque a "5003" il gruppo principale per gli utenti:

```
sudo netusermod tecnico1 -g 5003
sudo netusermod tecnico2 -g 5003
```

A questo punto possiamo per sicurezza controllare che il comando abbia funzionato:

```
sudo netusershow tecnico1
```

e dovrei vedere, tra gli altri, il parametro correttamente impostato:

```
gidNumber: 5003
```

Siamo dunque pronti a settare le quote per il gruppo *"tecnico"* con il comando:

```
edquota -g tecnico
```

che mi presenterà il solito editor con i valori pressoché identici a quanto visto per il singolo utente.

La relativa semplicità di gestione non deve trarre in inganno: il difficile è pianificare non come, ma *quale* debba essere la quota da assegnare ad utenti e gruppi. Un approccio semplicistico potrebbe essere il dividere il volume per gli utenti, ad esempio con 100GB e 10 utenti potremmo assegnare 10GB di quota "hard limit" che dunque sarebbero garantiti ad ogni singolo utente.

Una variante potrebbe essere quella dell'*"over commit"*, ovvero assegnare maggior spazio ad ogni utente confidando che, statisticamente, non tutti lo faranno nello stesso tempo: potremmo assegnare allora in questo caso ad esempio un "soft limit" di 10GB e un "hard limit" di 15GB.

In ogni caso dovrebbe dunque essere chiaro che l'esatto approccio non è definibile in maniera univoca, ma deve essere commisurato sulla tipologia degli utenti e sull'effettivo uso che essi fanno dello spazio disco a disposizione nelle condivisioni del server.

Assegnare il Grace Period

Prima abbiamo definito il "grace period" come quel periodo di tempo in cui viene ammesso lo sforamento dai limiti imposti dal "soft limit". Il periodo di default è di 7 giorni, vediamo come sia possibile variarlo sia a livello di sistema che di singolo utente/gruppo.

Il comando è sempre *edquota*, e ora vediamo prima come variarlo a livello globale:

```
sudo edquota -t
```

con l'editor vedremo qualcosa di simile:

```
Grace period before enforcing soft limits for users:
Time units may be: days, hours, minutes, or seconds
  Filesystem        Block grace period      Inode grace period
  /dev/sda1             7days                   7days
```

notiamo come si possa definire un tempo diverso per *inode* o per *block*, usando le parole chiave *days, hours, minutes o seconds*.

Invece, per assegnare il grace period allo specifico utente *tecnico1*, useremo il comando:

```
sudo edquota -Tu tecnico1
```

o per il particolare gruppo *tecnico* il comando:

```
sudo edquota -Tg tecnico
```

In entrambi i casi la procedura da seguire è uguale a quella già vista.

Gestire le quote

E' di fondamentale importanza, anche senza le quote assegnate, controllare periodicamente come viene utilizzato lo spazio su disco.

repquota

Il controllo manuale lo possiamo fare da shell con il semplice comando *repquota*:

```
sudo repquota /
```

che genererà la lista completa degli utenti con l'occupazione effettiva e i limiti imposti. Ad esempio qualcosa del genere:

```
*** Report for user quotas on device /dev/sda1
Block grace time: 7days; Inode grace time: 7days
                        Block limits              File limits
User            used    soft    hard grace    used soft hard grace
----------------------------------------------------------------
root        -- 1737104     0       0          66129    0    0
sbsadmin    --      84      0       0             13    0    0
user1       --      20      0       0              5    0    0
tecnico1    +-  547560 500000  700000 5days     7224    0    0
tecnico2    --      20      0       0              5    0    0
```

I due caratteri "--" dopo il nome utente sono un modo veloce per vedere quando vengono superati i limiti imposti di spazio (il primo carattere) o di files (il secondo carattere). Se i suddetti limiti vengono oltrepassati viene visualizzato il carattere "+". Nell'esempio riportato, infatti, possiamo subito vedere che l'utente "tecnico1" ha oltrepassato il primo limite.

La colonna "grace" normalmente è vuota, a meno che non venga infranto uno dei "soft limit". Nell'esempio riportato indica che il "grace" viene ancora garantito per 5 giorni (*5days*), terminati i quali apparirà la dicitura "none" ad indicare che il periodo di grace è terminato.

Lo stesso risultato lo posso ottenere per gruppo con il comando:

```
sudo repquota -g /
```

L'output generato sarà pressoché identico a prima, con ovviamente la lista dei gruppi al posto di quella degli utenti.

In fase di pianificazione potrebbe essere una buona idea attivare le quote senza assegnare dei valori specifici. In questo modo potremmo capire come viene utilizzato lo spazio disco dagli utenti. *repquota*, dunque, è anche un utile strumento preventivo per decidere poi una corretta ed efficace politica con cui assegnare le "Disk Quotas".

warnquota

warnquota è un comodo script che ci aiuta a tenere sotto controllo gli utenti che eccedono la quota assegnata. Viene eseguito ogni giorno e si occupa di inviare una mail di avviso all'utente e all'amministratore di sistema.

La configurazione è semplice, e può essere fatta comodamente con il comando *debconf*, occupandoci di rispondere alle semplici domande che ci vengono poste. Digitiamo:

```
sudo dpkg-reconfigure -plow quota
```

Debconf si occuperà di modificare il file di configurazione:

```
/etc/warnquota.conf
```

di creare lo script in *cron.daily:*

```
/etc/cron.daily/quota
```

e di attivare lo script mettendo *run_warnquota="true"* nel file:

```
/etc/default/quota
```

Se invece preferiamo modificare i valori a mano lo possiamo fare tranquillamente con il nostro editor preferito.

Approfondimenti

Vediamo ora una semplice lista di cose che potrebbero risultare utili e su cui magari sarebbe opportuno approfondire in modo autonomo. Gli esempi qui descritti non valgono se abbiamo installato un Server Membro di Active Directory.

Print services

Non abbiamo minimamente parlato delle condivisioni delle stampanti. Qui si aprirebbe un altro fronte che coinvolge CUPS e la distribuzione automatica dei drivers stampante ai client Windows. Samba supporta questa funzionalità, e il posto migliore dove apprendere questa tecnica sono le guide ufficiali.

Clients grafici di amministrazione

Abbiamo già visto come sia possibile da Windows amministrare le *permissions* sulle share Samba. Esistono anche delle GUI che ci permettono di gestire utenti e password in modo semplice, specie se le opzioni da settare sono un po' *esotiche*, tipo la scadenza della password o la lista delle workstation da cui un utente può fare il logon. Ne esistono diversi, dall'ufficiale *Samba Web Administration Tool (SWAT)* all'*LDAP Account admin*. Possiamo usarne anche da Windows, ad esempio dal mio preferito *LDAP Admin*, allo *User Manager for Domains* "ufficiale" fornito da Microsoft con Windows NT (non è uno scherzo) per amministrare i vari aspetti e flag.

Comandi Samba

Samba viene fornito con una serie di comandi utili all'amministratore, da *pdbedit* per amministrare utenti e gruppi alla pletora dei comandi *net* disponibili. Facciamo un paio di esempi, con il comando:

```
sudo net rpc rights list -U Administrator
```

ottengo questo:

```
    SeMachineAccountPrivilege  Add machines to domain
     SeTakeOwnershipPrivilege  Take ownership of files or other objects
          SeBackupPrivilege  Back up files and directories
         SeRestorePrivilege  Restore files and directories
   SeRemoteShutdownPrivilege  Force shutdown from a remote system
      SePrintOperatorPrivilege  Manage printers
         SeAddUsersPrivilege  Add users and groups to the domain
      SeDiskOperatorPrivilege  Manage disk shares
```

vedendo i permessi dell'utente Administrator. Potrei voler assegnare una "right" di amministrazione a qualche altro utente, e questo si fa con i comandi *net rpc right*.

Se digitiamo :

```
sudo pdbedit -L -v Antonio
```

Ottengo

```
Unix username:       antonio
NT username:         antonio
Account Flags:       [UX        ]
User SID:            S-1-5-21-1491279793-2809991009-2777690449-11012
Primary Group SID:   S-1-5-21-1491279793-2809991009-2777690449-513
Full Name:           antonio
Home Directory:
HomeDir Drive:       K:
Logon Script:        antonio.bat
Profile Path:
Domain:              STENOIT
Account desc:
Workstations:
Munged dial:
Logon time:          0
Logoff time:         never
Kickoff time:        never
Password last set:   0
Password can change: 0
Password must change: 0
Last bad password   : 0
```

```
Bad password count    : 0
Logon hours           : FFFFFFFFFFFFFFFFFFFFFFFFFFFFFFFFFFFFFFFFFFFF
```

che sono tutte le impostazioni assegnate all'utente *Antonio* e che posso variare con *pdbedit*. Gran parte di queste le posso anche amministrare con il nostro *netusermod*, ma sicuramente il comando standard è più completo essendo parte di Samba. I comandi *man net* e *man pdbedit* forniscono le informazioni di cui abbiamo bisogno.

Lock sui file

Stiamo amministrando un server con dei file condivisi, quindi il lock dei file è cosa importante. In genere non ce ne dobbiamo preoccupare, Samba "standard" ci risolve già gran parte dei problemi, ma in alcuni casi (tipo il "solito" file access mdb condiviso) dobbiamo metter mano noi.

Ci scontreremo ad esempio con il concetto di *"Opportunistic Locking"* inventato da Microsoft per aumentare le performance in rete, ma che in alcuni casi con Samba non produce gli effetti desiderati. Niente paura, vanno solo gestiti.

Anche in questo caso, manco a dirlo, spulciamo la guida ufficiale.

Sicurezza

Non abbiamo nemmeno discusso della messa in sicurezza del colloquio tra Samba e OpenLDAP che adesso avviene in chiaro. Essendo entrambi i servizi nella stessa macchina magari il problema e minimo, ma se cominciamo ad avere più server Samba che "puntano" allo stesso server LDAP o più server LDAP replicati magari in remoto tra sedi diverse è una opzione da prendere in seria considerazione.

Conclusioni

Diciamo la verità: *pensavamo fosse più semplice*. Non mi vergogno di dire che almeno è quello che ho pensato io la prima volta che mi sono imbattuto in questi argomenti.

Spero di aver acceso l'interesse di qualcuno che abbia voglia di *studiare*, la rete offre tutto di cui si ha bisogno. E credetemi, se impariamo bene ad amministrare *LOS (LinuxOpenldapSamba) amigos* (senza dimenticare DNS/DHCP) domani (quasi) potete installare una rete con Windows, perché i concetti li conoscete (anche più in profondità di altri), dovendo solo scoprire il "come" ma non il "perché".

Nel frattempo abbiamo imparato cosa c'è dietro quei click...

9

Mail Server

Non c'è da stupirsi che l'e-mail sia diventato il servizio più usato in Internet. La sua grande diffusione e versatilità ne hanno fatto uno strumento irrinunciabile per chiunque.

Inizialmente le e-mail erano adatte solamente per i messaggi brevi, ma successivamente l'avvento di *MIME*, (*Multipurpose Internet Mail Extension*), ed altri tipi di schemi di decodificazione, quali *UUencode*, ha reso possibile l'invio anche di documenti formattati, fotografie, file audio e file video.

In questo capitolo configureremo un Mail Server ufficiale, moderno e completo degli oramai irrinunciabili filtri *antispam* e *antivirus*.

Ci sono alcuni prerequisiti da soddisfare per rendere completa e operativa la nostra installazione:

✔ Il nostro dominio *stenoit.com* deve essere pubblicamente registrato

✔ L'interfaccia eth0 che si collega al mondo esterno deve avere un indirizzo ip *fisso* e chi ce lo ha assegnato deve avere un record PTR nel suo DNS che punta a *mail.stenoit.com*

✔ Il *maintainer* del nostro dominio, se gestisce anche il DNS "pubblico" di *stenoit.com*, deve avere un record MX che informa il mondo che il nostro è il server di posta ufficiale del dominio.

Se non disponiamo di un indirizzo IP fisso esiste anche una seconda possibilità. Possiamo configurare il server in modalità *relay*. In questa modalità il nostro server non contatta direttamente i server SMTP destinatari, ma inoltra la posta al nostro server "ufficiale" (che presumibilmente sta dal nostro provider) che si occuperà del resto. I messaggi di posta interna all'azienda (ad esempio *antonio@stenoit.com* che scrive a *lucia@stenoit.com*) non usciranno all'esterno ma verranno trattati completamente dal nostro server. Il problema qui è che poi dobbiamo *andarci a prendere la posta in arrivo dal server del provider* se vogliamo distribuirla ai nostri utenti. Vedremo come risolvere il problema con il software *fetchmail*.

Un lavoro di squadra

La complessità di questa parte non è tanto il server SMTP/POP3 in sé da implementare (cosa relativamente banale) ma il *ping pong* tra i diversi servizi coinvolti in un moderno Mail Server. Purtroppo dobbiamo cercare di difenderci da *virus* e *spam* se vogliamo dare un servizio decente e far sopravvivere il nostro server per più di *qualche giorno* prima di venire *bannati* dagli altri.

Il nostro MTA non fa tutto da solo, bisogna mettere in scena un coretto a *6 voci*, dove 5 si passano la patata bollente l'un l'altro per convalidare una mail in arrivo. La 6° (*dovecot*) recapita la mail all'utente finale quando ne fa richiesta.

La configurazione proposta qui non è certo l'unica possibile, ma è frutto di un paio di anni di *tuning* in una installazione reale che serve circa duecento utenti con parecchie migliaia di email giornaliere, quindi possiamo andare abbastanza sul sicuro.

Vediamo quali sono i nostri interpreti:

- ✔ *Postfix* : Il nostro MTA (Mail Transfert Agent) che implementa il server SMTP della nostra azienda
- ✔ *Postgrey* : Servizio che implementa il *greylisting*
- ✔ *Clamav* : L'antivirus usato da Amavisd-new per scannerizzare le mail
- ✔ *Spamassassin* : Usato da Amavisd-new per individuare lo spam
- ✔ *Amavisd-new* : Il *content filter* che analizza le mail con *Clamav* e *Spamassassin*
- ✔ *Dovecot* : IMAP e POP3 server per permettere ai nostri utenti di scaricare le mail dal server

Installazione

Iniziamo con l'installazione dei servizi, poi andremo a configurarli uno ad uno.

Postfix & Postgrey

Installiamoli cosi:

```
sudo apt-get install postfix postgrey
```

Quando debconf mi chiede i parametri, selezioniamo :

```
-> Sito Internet
-> mail.stenoit.com
```

Amavisd-new, Spamassassin e Clamav

Questi sono i tre pacchetti di filtraggio, li installiamo cosi:

```
sudo apt-get install amavisd-new clamav clamav-daemon spamassassin
```

Installiamo anche alcuni pacchetti suggeriti, specie le utility di compressione e decompressione usate da *amavisd-new* e *clamav* per scrutare gli allegati email.

```
sudo apt-get install ripole tnef arj bzip2 cabextract cpio file
gzip lha nomarch rar unrar-free unzip lzop rpm2cpio p7zip-full
pax zip zoo
```

Dovecot

E per finire il nostro POP e IMAP server che si occuperà di recapitare la posta ai nostri clients.

```
sudo apt-get install dovecot-pop3d dovecot-imapd
```

Il giochino delle parti

Bene, ora il software necessario è installato. Vediamo a grandi linee, una volta terminata la configurazione, cosa succederà quando un messaggio arriverà al nostro server:

1. Postfix controlla che mittente e destinatario soddisfino le sue impostazioni di sicurezza. Se non le soddisfano Postfix respinge la mail, se le soddisfano passa la palla a Postgrey
2. Postgrey analizza il mittente e risponde a Postfix con un esito positivo o negativo. Se la risposta di Postgrey è negativa Postfix respinge la mail, se è positiva passa la palla ad Amavisd-new
3. Amavisd-new chiama Clamav per il controllo antivirus. Se Clamav trova un virus Amavisd-new dà esito negativo a Postfix che respinge la mail, altrimenti, sempre Amavisd-new, chiama Spamassassin per il controllo antispam.
4. Se Spamassassin giudica la mail come Spam, Amavisd-new risponde con esito negativo a Postfix che respinge la mail.
5. Se Amavisd-new, dopo i controlli antivirus e antispam, dà esito positivo, Postfix recapita la mail sulla mailbox dell'utente destinatario.

Un bel giro in giostra fa la nostra mail! Tutto questo ha un costo in performance, ma per evitare il più possibile spazzatura o infezioni ne vale la pena.

Il termine "respinge" usato è generico, in realtà la mail può venire anche archiviata e segnalata, oppure recapitata lo stesso all'utente finale con una avviso. Sta a noi decidere il comportamento che più ci soddisfa.

MTA

Iniziamo la configurazione del nostro Mail Server. Il primo tassello è fornire una installazione basilare a *Postfix*.

Postfix è un popolare, scalabile e sicuro MTA scritto da Witse Venema mentre lavorava in IBM. Originariamente noto come *Vmailer,* è stato anche commercializzato da IBM come *Secure Mailer.* Nel 1999, il suo nome è diventato Postfix, e il resto è storia.

Postfix è affidabile, veloce, estremamente potente e versatile, pur mantenendo un file di configurazione relativamente semplice da leggere e gestire.

Configurazione

Iniziamo con la configurazione base che si ottiene modificando il file */etc/postfix/main.cf* :

```
sudo nano /etc/postfix/main.cf
```

debconf ha già impostato i parametri di base in modo corretto, tuttavia controlliamo che questo sia vero, se ne manca qualcuno provvediamo a sistemarlo.

myhostname e mydomain

Definiamo il nome host internet del nostro server, di default il primo è il valore ritornato da *gethostbyname()* , il secondo il nome del dominio :

```
myhostname = sbs.stenoit.com
mydomain = stenoit.com
```

myorigin

Questo identifica i nomi di dominio da cui si assume che le mail locali arrivino e sono inviate. E' più difficile da spiegare che da scrivere. Dal momento che noi non abbiamo bisogno di domini multipli, impostiamo questo parametro uguale a *mydomain*:

```
myorigin = $mydomain
```

mydestination

La lista dei domini verso i quali le mail sono inviate localmente. Per queste destinazioni, quindi, le mail vengono considerate locali e trasferite alle caselle di posta locali.

```
mydestination = $myhostname, localhost.$mydomain, localhost, $mydomain
```

mynetworks

Questo identifica le reti (o gli specifici host), che invieranno posta da questo server. Di default Postfix riceve le mail da tutte le interfacce di rete installate, ma permette di inviare solo dalla interfaccia di loopback (127.0.0.1) che, nel nostro caso, non va ovviamente bene. Il valore del parametro mynetworks può essere un singolo host, un indirizzo IP e la maschera di rete per indicare un range di host o di una sottorete, o qualsiasi numero di host separati da virgola o indirizzo IP con associati netmasks.

Questo parametro è molto importante, deve essere presente e deve contenere SOLO la rete o gli host autorizzati, altrimenti il vostro server si trasforma in un open relay, ovvero un server attraverso cui *chiunque* può inviare mail. Gli open relay sono il bersaglio preferito dagli spammers, e sono, per fortuna, una razza quasi estinta (gli OpenRelay, non gli Spammers ...).

Nel nostro caso il mail server permetterà alla rete interna 192.168.20.* di inviare mail attraverso di esso:

```
mynetworks = 127.0.0.0/8, 192.168.20.0/24
```

masquerade_domains

Ora i nostri utenti di rete invieranno mail ma molti client di posta lo faranno usando il *fully qualified domain name* dell'host. Per capirci meglio: se il nostro host si chiama *mybox* e il mio utente *steno*, chi riceve le mail che spediamo vede il mittente nella forma *steno@mybox.stenoit.com* che non è esattamente quello che vogliamo. Probabilmente non ho nemmeno un utente in quell'host e non riusciranno a rispondere alle nostre mail. Risolviamo questo problema con il parametro *masquerade_domains*. Postfix sostituisce la parte *domain* con quanto specificato qui.

```
masquerade_domains = $mydomain
```

Ora tutti gli host della mia rete possono inviare mail attraverso Postfix senza che venga identificato il nome dello specifico host che ha originato la mail. Le mail inviate dal nostro host di esempio avranno come mittente *steno@stenoit.com*.

alias_maps e alias_database

Generalmente coincidono e indicano l'organizzazione e il nome del file contenenti gli alias locali: un elenco di equivalenze che permettono di attribuire più indirizzi a un unico utente:

```
alias_maps = hash:/etc/aliases
alias_database = $alias_maps
```

mailbox_size_limit

Massima dimensione delle mailbox. In questo caso 0 (zero) specifichiamo che non esiste alcun limite.

```
mailbox_size_limit = 0
```

home_mailbox

Specifica dove verrà salvata la posta dell'utente relativamente alla propria home. Se non specifichiamo nulla viene usato il formato *mbox* e salvato un file con il nome utente in */var/spool/mail*. Noi invece useremo il formato Maildir, e specificando il seguente parametro ogni mail ricevuta crea un file in */home/nomeutente/Maildir*

```
home_mailbox = Maildir/
```

Maggiori informazioni le trovate sul sito di Postfix.

Autenticazione SMTP

Il nostro MTA così già funziona, tuttavia occupiamoci ora di dargli un minimo si sicurezza attraverso l'autenticazione SMTP e la crittografia TLS. Se abbiamo utenti esterni "viaggiatori" che devono continuare ad usare la posta dobbiamo permettere loro di inviarla con il nostro server come quando siedono in azienda. Con la configurazione attuale vengono accettate solo email dirette al dominio interno, cosa non ottimale a cui ora poniamo rimedio.

Configurazione

Postfix

Cominciamo da Postfix a cui dobbiamo dire di utilizzare SASL. Per farlo modifichiamo il solito file di configurazione:

```
sudo nano /etc/postfix/main.cf
```

aggiungendo questi parametri :

```
smtpd_sasl_auth_enable = yes
smtpd_sasl_type = dovecot
smtpd_sasl_path = private/auth-client
smtpd_sasl_local_domain = $mydomain
smtpd_sasl_security_options = noanonymous
broken_sasl_auth_clients = yes
relay_domains = *
```

Creiamo la sezione *smtpd_recipient_restrictions* e aggiungiamo, tra le altre, la direttiva *permit_sasl_authenticated* per fare in modo che Postfix permetta agli utenti autenticati di superare la restrizione. Su queste direttive ci torneremo anche più avanti spiegandole meglio.
La sezione dovrebbe diventare così:

```
smtpd_recipient_restrictions =
        permit_sasl_authenticated,
        permit_mynetworks,
        reject_unauth_destination,
        permit
```

TLS

Creiamo i certificati digitali necessari per utilizzare TLS (*Transport Layer Security*) per mettere in sicurezza l'autenticazione degli utenti. Digitiamo in sequenza questi comandi, rispondendo alle varie domande proposte. I dati essenziali sono due:

1. La password usata, ovviamente da non dimenticare.
2. Il *Common Name* che deve essere univoco, ad esempio prima diamo il nome della macchina (*sbs*) e poi quando viene creato il Certificate Authority (*cacert.pem*) il nome del dominio (*stenoit*).

```
openssl genrsa -des3 -rand /etc/hosts -out mta.key 1024
chmod 600 mta.key
openssl req -new -key mta.key -out mta.csr
sudo openssl x509 -req -days 3650 -in mta.csr -signkey mta.key -out mta.crt
openssl rsa -in mta.key -out mta.key.unencrypted
mv -f mta.key.unencrypted mta.key
openssl req -new -x509 -extensions v3_ca -keyout cakey.pem -out cacert.pem -days 3650
sudo mv mta.key /etc/ssl/private
sudo mv mta.crt /etc/ssl/certs/
sudo mv cakey.pem /etc/ssl/private/
sudo mv cacert.pem /etc/ssl/certs/
```

Ora configuriamo Postfix per usare TLS. Questa volta usiamo il comando *postconf* così se il parametro esiste già viene correttamente impostato.

```
sudo postconf -e 'smtpd_tls_loglevel = 1'
sudo postconf -e 'smtpd_tls_received_header = yes'
sudo postconf -e 'smtpd_tls_session_cache_timeout = 3600s'
sudo postconf -e 'tls_random_source = dev:/dev/urandom'
sudo postconf -e 'smtpd_tls_auth_only = no'
sudo postconf -e 'smtp_use_tls = yes'
```

```
sudo postconf -e 'smtpd_use_tls = yes'
sudo postconf -e 'smtp_tls_note_starttls_offer = yes'
sudo postconf -e 'smtpd_tls_key_file = /etc/ssl/private/mta.key'
sudo postconf -e 'smtpd_tls_cert_file = /etc/ssl/certs/mta.crt'
sudo postconf -e 'smtpd_tls_CAfile = /etc/ssl/certs/cacert.pem'
```

SASL

Simple Authentication and Security Layer (SASL) è un framework di autenticazione usato spesso, supporta anche il Transport Layer Security (TLS).

Postfix è già compilato in modo da utilizzare SASL, e può utilizzare sia l'implementazione *Cyrus SASL* che la *Dovecot SASL*.

Nel nostro caso optiamo per quella Dovecot, dal momento che è già stata installata.

Editiamo dunque il file di configurazione di Dovecot:

```
sudo nano /etc/dovecot/dovecot.conf
```

Andiamo nella sezione *auth default* e togliamo il commento dalla opzione *socket listen*. Impostiamo poi quanto segue:

```
socket listen {
client {
     path = /var/spool/postfix/private/auth-client
     mode = 0660
     user = postfix
     group = postfix

  }
}
```

Lasciando commentato il resto.

Per finire riavviamo Dovecot:

```
sudo /etc/init.d/dovecot restart
```

Non ci serve altro.

Testare il nostro MTA

Installiamo il pacchetto "telnet" utile per i test e facciamo un *refresh* delle impostazioni di Postfix:

```
sudo apt-get install telnet
sudo postfix reload
```

Colleghiamoci con telnet sulla porta 25 (il default per i server SMTP) del nostro server:

```
telnet localhost 25
```

Dovremmo ottenere la risposta:

```
Trying 127.0.0.1...
Connected to localhost.
Escape character is '^]'.
220 sbs.stenoit.com ESMTP Postfix (Ubuntu)
```

Iniziamo il colloquio :

```
ehlo sbs.stenoit.com
```

Postfix risponde:

```
250-sbs.stenoit.com
250-PIPELINING
250-SIZE 10240000
250-VRFY
250-ETRN
250-STARTTLS
250-AUTH PLAIN
250-AUTH=PLAIN
250-ENHANCEDSTATUSCODES
250-8BITMIME
250 DSN
```

Possiamo vedere che STARTTLS è presente.
Continuiamo a scrivere (dopo ogni riga premiamo "invio") :

```
mail from:test@gmail.com
rcpt to: sbsadmin@stenoit.com
data
subject: Mail di prova
Salve, ti mando una mail di prova
.
```

Dopo il "." Postfix dovrebbe risponderci con qualcosa di simile:

```
250 2.0.0 Ok: queued as BFB8C20AB1
```

Il codice *BFB8C20AB1* è un numero random che cambia ogni volta. Ora digitando:

```
quit
```

Si esce. Se non abbiamo ricevuto errori siamo a posto. Magari guardiamo se *sbsadmin* ha effettivamente ricevuto la mail, per ora ci accontentiamo di farlo guardando il file con il nostro editor. Andiamo in */home/sbsadmin/Maildir/new* e dovremmo vedere un file di testo che posso editare e/o visualizzare. Ad esempio :

```
sudo nano 1198938050.V803I22110bM48209.sbs
```

Aliases

Abbiamo configurato Postfix perché usi il file */etc/postfix/aliases* per gli alias, facciamo una piccola modifica al file perché mandi le mail di sistema al nostro utente *sbsadmin* anziché al predefinito *root* (che probabilmente è disabilitato). Siccome *sbsadmin* è l'utente che abbiamo creato in fase di installazione, Ubuntu dovrebbe già aver fatto il lavoro per noi. Controlliamo:

```
sudo nano /etc/aliases
```

All'inizio del file dovremmo vedere una cosa del genere (se non c'è basta aggiungerla) :

```
root: sbsadmin
```

Usciamo dall'editor e digitiamo:

```
sudo newaliases
```

Ora le mail dirette a *root* verranno girate al nostro utente *sbsadmin*.

Dovecot

Dovecot è un *Mail Delivery Agent* progettato per garantire la sicurezza. Supporta la maggior parte dei formati di caselle di posta: a noi interessa particolarmente il formato *Maildir* dal momento che lo abbiamo adottato. Questa sezione espone come configurarlo come server **imap** e **pop3** dopo averlo già utilizzato, come appena visto, come framework SASL per l'autenticazione SMTP.

Configurazione

Apriamo di nuovo in un editor il file di configurazione di Dovecot:

```
sudo nano /etc/dovecot/dovecot.conf
```

Come abbiamo già notato il file è bello corposo, noi impostiamo solo quello che ci interessa lasciando il resto invariato.

Controlliamo che siano abilitati i protocolli pop3 e imap e le loro controparti "sicure":

```
protocols = pop3 pop3s imap imaps
```

accettiamo la connessione da tutte le interfacce di rete:

```
listen = *
```

e proseguiamo con l'abilitare *ssl* lasciando anche le password in chiaro.

```
disable_plaintext_auth = no
ssl = yes
ssl_cert_file = /etc/ssl/certs/mta.crt
ssl_key_file = /etc/ssl/private/mta.key
```

settiamo il formato delle caselle di posta *Maildir*.

```
mail_location = maildir:~/Maildir
```

Concludiamo con il formato UIDL (*Unique Mail Identifier*) da usare. Impostiamo il predefinito consigliato che sembra non dare fastidio nemmeno a Outlook 2003. Controlliamo che sia:

```
pop3_uidl_format = %08Xu%08Xv
```

Autenticazione

Al fine di ottenere il nostro agognato *Single Signon* dobbiamo far sì che Dovecot autentichi gli utenti utilizzando la stessa coppia utente/password utilizzata da Samba. I nostri utenti utilizzeranno sempre lo stesso account sia per il File Server che per la posta.

Questo si può fare in modi diversi, qui utilizzeremo PAM che di "riflesso" utilizzerà LDAP per l'autenticazione. Apriamo (se lo abbiamo chiuso) il file di configurazione */etc/dovecot/dovecot.conf* e aggiungiamo (o cerchiamo e modifichiamo, meglio) il seguente parametro :

```
passdb pam {
  args = blocking=yes dovecot
}
```

In questo modo abbiamo detto a *Dovecot* di utilizzare *PAM* con le "regole" impostate nel file /etc/pam.d/dovecot che andiamo immediatamente a vedere:

```
sudo nano /etc/pam.d/dovecot
```

dovrebbe essere già correttamente impostato da Ubuntu, così:

```
#%PAM-1.0

@include common-auth
@include common-account
@include common-session
```

Ora Dovecot per autenticare un utente utilizzerà PAM il quale prima utilizzerà l'utente locale unix ed in seguito chiederà a LDAP. Come volevamo.

Spam

Ora il nostro server può inviare e ricevere mail dal mondo intero. Tutto qua ? Magari. Diciamo che già funziona, e in un mondo perfetto di sole persone oneste potremmo fermarci qua.

Peccato non sia così e che dobbiamo difenderci dal sempre crescente numero di persone che popolano la rete e che vogliono magari venderci pillole blu anche a Natale. Meglio rimboccarci le maniche e vedere come possiamo almeno rendere loro la vita un po' più difficile.

Infatti in breve tempo una quantità incredibile della posta che riceveremo sarà inevitabilmente spazzatura non richiesta: *Spam*. Qualche mail conterrà pure *virus* e *malware*, e magari come mittente c'è pure un vostro ignaro amico. Lo Spam e la posta infetta da virus sono una *autentica epidemia*. **Un server di posta non protetto ha breve vita**, presto saremo *bannati* come "cattivi" dalle liste pubbliche e non riusciremo più nemmeno ad inviare posta perché respinti dagli altri server. Insomma, un disastro. Avendo un server personale per la posta è *nostro compito*, dunque, proteggerlo. Vedremo qui come farlo.

Fortunatamente gli strumenti per combattere e limitare (non sconfiggere, badate bene) questo problema non mancano, configureremo tutto quanto detto: *Postfix* per un primo livello di controllo della posta, *Postgrey* che implementa il *graylisting*, *Amavisd-new* che esplora le vostre mail e invoca altri pacchetti quali *Spamassassin* per proteggere il vostro server dallo spam e *ClamAV* per la scansione antivirus. Addirittura il nostro *Shorewall* ci darà una mano infine con una importante regola.

Quello che dobbiamo fare è integrarli insieme.

Piccola nota: forse qualcuno si domanderà perché mai debba proteggere Linux dai virus. Il motivo è semplice: nella nostra rete interna la maggior parte dei computer avrà sicuramente una qualche versione di Windows a bordo che è il bersaglio preferito da virus e malware. Quindi meglio prevenire che curare cercando di far arrivare loro meno spazzatura possibile..

Iniziamo con Postfix.

Postfix

Il nostro MTA già di suo ci permette di limitare lo spam e di proteggere il nostro server. Editiamo il nostro file di configurazione:

```
sudo nano /etc/postfix/main.cf
```

Postfix generalmente scrive nel log il motivo di rifiuto di una mail, e settando *smtpd_delay_reject = yes*, mostra il mittente e la stringa HELO che ha causato il rifiuto. Andiamo in fondo al file e aggiungiamo :

```
smtpd_delay_reject = yes
```

Rifiutiamo anche tutte le mail dai server che non identificano correttamente se stessi usando il comando HELO (o EHLO) come richiesto dallo standard SMTP RFC. Aggiungiamo :

```
smtpd_helo_required = yes
```

Ora impostiamo una serie di *restrizioni* da applicare. Chi non supera queste viene respinto ancor prima di entrare.

Restrizioni nei comandi HELO o EHLO

HELO e EHLO sono usati dal mail server remoto per identificare se stesso. Le restrizioni sono analizzate in cascata una alla volta.

- ✔ *permit_mynetworks*: accetta le connessioni da qualsiasi Mail Server listato nel parametro *mynetworks* di main.cf
- ✔ *reject_invalid_hostname*: rifiuta connessioni da tutti i server che non identificano se stessi usando un nome host corretto (*fully qualified hostname*)
- ✔ *permit*: alla fine accetta le connessioni dai server che hanno passato i controlli precedenti.

```
smtpd_helo_restrictions =
        permit_mynetworks,
        reject_invalid_hostname,
        reject_non_fqdn_hostname,
        permit
```

Restrizioni a cui sono soggetti i server remoti per i comandi inviati

- ✔ *reject_unauth_pipelining* : impone al nostro server di rifiutare le connessioni dai server che inviano troppo velocemente i comandi. Molti spammers fanno questo per tentare di velocizzare la fase di invio mail spazzatura.
- ✔ *permit* : come sopra, accetta le connessioni se le precedenti restrizioni sono state superate.

```
smtpd_data_restrictions =
        reject_unauth_pipelining,
        permit
```

Restrizioni sui mittenti delle mail che il server riceve

Viene usato il comando *SMTP MAIL FROM* per identificarli :

- ✔ *permit_mynetworks* : vedi sopra
- ✔ *reject_non_fqdn_sender* : rifiuta le mail da tutti i mittenti il cui nome non è specificato in modo esteso (sempre secondo quanto stabilisce il "*fully qualified host name*"). Nota che gli host della nostra rete avranno probabilmente un nome host corto ma in questo caso sono già garantiti dalla regola precedente.
- ✔ *reject_unknown_sender_domain* : rifiuta le mail che provengono da domini sconosciuti
- ✔ *permit* : vedi sopra

```
smtpd_sender_restrictions =
        permit_mynetworks,
        reject_non_fqdn_sender,
        reject_unknown_sender_domain,
        permit
```

Restrizioni nei destinatari finali delle mail che il nostro server riceve

Sono identificati usando il comando *SMTP RCPT TO* :

- ✔ *permit_sasl_authenticated* : abbiamo visto prima in occasione della autenticazione SMTP. Permette l'accesso a chi si autentica correttamente.
- ✔ *reject_unverified_recipient* : rifiuta a priori una mail verso un utente sconosciuto. Tuttavia ho notato che se il server destinatario implementa Postgrey questo parametro, di fatto, ci impedisce di mandargli mail a causa del rifiuto di validare l'utente imposto dal funzionamento stesso di Postgrey. Occhio ai log, ed eventualmente disabilitiamo la restrizione per quel dominio.
- ✔ *permit_mynetworks* : vedi sopra
- ✔ *reject_unknown_recipient_domain* : rifiuta le mail quando il nostro mail server non è la destinazione finale e la destinazione non è un dominio valido
- ✔ *reject_unauth_destination* : rifiuta le mail quando il dominio destinazione non è fra quelli serviti dal nostro server (definiti dal parametro *mynetworks*) oppure non è fra i domini definiti in *re-*

layhost. Questo impedisce che il nostro server venga utilizzato come open relay.

✔ *check_policy_service* : fa in modo che Postfix usi un servizio esterno per controlli aggiuntivi. Nel nostro caso **inet:127.0.0.1:10023** passa la palla a *Postgrey* per implementare le gray list. Lo vedremo più avanti.

✔ *permit* : vedi sopra.

```
smtpd_recipient_restrictions =
      permit_sasl_authenticated,
      reject_unverified_recipient,
      permit_mynetworks,
      reject_unknown_recipient_domain,
      reject_unauth_destination,
      check_policy_service inet:127.0.0.1:10023,
      permit
```

Bene, a questo punto il nostro server Postfix già respingerà autonomamente una parte delle mail non desiderate. Un'altra cosa che si potrebbe implementare è un check se il mittente è presente nelle liste pubbliche di spammers riconosciuti. Tuttavia spesso gli svantaggi sono maggiori dei vantaggi: rallenta troppo il sistema e, peggio ancora, spesso le liste non sono precise. Con Postgrey nel fodero preferiamo non implementarlo.

Test delle restrizioni

Postfix fornisce una grande quantità di parametri, a volte è utile testare una restrizione prima di buttare alle ortiche delle mail. Vediamo qualche parametro utile allo scopo quando si sta implementando questa soluzione.

soft_bounce

Aggiungiamolo con il comando *postconf* (ma naturalmente potremmo anche editare il file **/etc/postfix/main.cf**, è lo stesso) e facciamo rileggere la configurazione a Postfix:

```
sudo postconf -e "soft_bounce = yes"
sudo postfix reload
```

Quando impostato a **yes**, le *hard reject responses* (5xx) sono convertite in *soft reject responses* (4xx). In questo modo il server mittente, dopo un intervallo di tempo, opera un nuovo tentativo.

Impostare questo parametro significa, in pratica, poter controllare il file di log e vedere cosa il nostro server rifiuta dandoci il tempo, se necessario, di aggiustare la configurazione in attesa del nuovo tentativo.

Una volta trovata la configurazione ottimale disabilitiamo *soft_bounce* e ricarichiamo Postfix.

warn_if_reject

Facendo precedere questo parametro alle altre direttive si fa in modo che Postfix anziché rifiutare la mail segnali un **warning** nel log.

Se non si è sicuri di quali effetti possa avere una nuova restrizione, questo parametro, dunque, permette di controllare prima e poi eventualmente impostare la restrizione come effettiva. Ad esempio :

```
smtpd_recipient_restrictions =
        reject_unverified_recipient,
        permit_mynetworks,
        warn_if_reject reject_invalid_hostname,
        reject_unknown_recipient_domain,
        reject_unauth_destination,
        check_policy_service inet:127.0.0.1:10023,
        permit
```

Possiamo notare il *warn_if_reject* che precede la mia regola *reject_invalid_hostname*: se un client, dunque, usa un nome host HELO invalido quando ci invia un messaggio, rientra nella nostra restrizione, ma con questo parametro impostato Postfix scrive nel log un **warning** e accetta la mail lo stesso.

Ricarichiamo Postfix e controlliamo non ci siano errori:

```
sudo postfix reload
```

Ed ora solo server *apparentemente* ufficiali ci possono inviare mail. Ma non basta, è solo il primo passo.

Postgrey

Procediamo con un servizio che da solo, con una trovata tanto ingegnosa quanto semplice, spazzerà via dal nostro server la maggior parte dello Spam. Irrinunciabile.

Precedentemente in Postfix abbiamo impostato la direttiva *check_policy_service* per utilizzare anche un servizio esterno per le restrizioni. In questo caso vogliamo usare *Postgrey* che implementa il graylisting.

Cos'è il *graylisting* ?

Probabilmente avremmo sentito parlare di *whitelist* (la lista dei buoni) e *blacklist* (la lista dei cattivi). Con Postgrey si implementa un livello intermedio tra i due, detto appunto *greylist*.

Questo sistema sfrutta un concetto molto semplice: visto l'elevato numero di mail che gli spammers inviano, raramente tentano più di una volta l'invio della posta ad un destinatario.

Con Postgrey il nostro server sfrutta questo fatto respingendo temporaneamente tutte le email provenienti da mittenti sconosciuti segnalando loro che la casella di posta del destinatario non è momentaneamente disponibile e mettendosi in ascolto per il secondo tentativo che un server "ufficiale" fa sempre.

Semplice, efficace ed ingegnoso, non servono filtri bayesiani o altre diavolerie e, ve lo garantisco, per il momento questo sistema *spazza via da solo oltre il 95% dello spam !*

Il giochino di Postgrey

Con la configurazione di default vediamo a grandi linee cosa succede quando a Postgrey viene chiesta la verifica di una mail da un utente fino ad ora sconosciuto :

- ✔ Postgrey rifiuta la mail e Postfix comunica al server mittente che la mailbox dell'utente non è al momento disponibile
- ✔ Postgrey memorizza la terna indirizzo IP dell'host sorgente, email del mittente, email del destinatario nella greylist
- ✔ Al successivo tentativo del server mittente se non è trascorso il tempo di *delay* (300 secondi), Postgrey continua a rifiutare la mail. Questo per evitare i rinvii troppo veloci operati dagli spammers.
- ✔ Se al successivo rinvio il tempo di *delay* è trascorso Postgrey accetta la mail e memorizza la terna indirizzo IP dell'host sorgente, email del mittente, email del destinatario nella sua *whitelist* per *max age* tempo (30 giorni)

Come vediamo la *"terna"* rimane nella whitelist di default per 30 giorni, in questo modo chi ci invia regolarmente email non viene più ritardato da Postgrey ma accettato subito.

Controindicazioni ?

Bé, qualche difetto ce lo ha, ma sono certamente tollerabili:

- ✔ Ritardo nella consegna dei messaggi, in genere qualche minuto, ma su server ad alto traffico può essere anche qualche ora.
- ✔ Possibili problemi di consegna quando il server SMTP del mittente non è un singolo server ma un pool di sistemi o un intera sotto rete, come nel caso di Hotmail ad esempio. Il messaggio

in questo caso può venire rifiutato più volte in quanto cambiano ad ogni invio i dati della tripletta. In genere si arriva comunque alla consegna, dopo che tutte le triplette sono state acquisite, e dopo un certo numero di tentativi. Per questi casi si può comunque ricorrere per casi specifici alla funzione di *Whitelist*.

Possiamo anche aggiungere che il sistema si appesantisce un pochino perché ogni nuovo messaggio deve essere ricevuto due volte, ma comunque i benefici che otteniamo restano enormi.

Quindi godiamoci il *greylisting* finchè funziona, temo che se verrà implementato su larga scala (credo che i grossi provider con alto volume di traffico difficilmente lo faranno) gli spammers cominceranno ad uscire con delle contromisure... una guerra infinita.

Configurazione

La configurazione base di Postgrey è molto semplice. Anzi, praticamente nulla. Nelle *smtpd_recipient_restrictions* di Postfix abbiamo già impostato:

```
check_policy_service inet:127.0.0.1:10023
```

E siamo già a posto, possiamo riavviare il servizio per metterlo in funzione

```
sudo /etc/init.d/postgrey restart
```

Ulteriori configurazioni per Postgrey possono essere fatte editando il file di default del servizio Postgrey

```
sudo nano /etc/default/postgrey
```

di particolare interesse possono essere i due parametri :

- ✔ *--delay* : definisce per quanti secondi il messaggio viene messo in graylist. Di default 300 secondi.
- ✔ *--max-age* : definisce per quanti giorni un mittente che ha già in passato superato la verifica rimane nella whitelist generata da postgrey. Finchè sono qui verranno in futuro accettati senza verifica. Di default 30 giorni.

Per variare questi parametri bisogna metterli nella variabile POST-GREY_OPTS, e riavviare il servizio.

Ad esempio, per portare il *delay* a 180 secondi e il *max age* a 60 giorni:

```
POSTGREY_OPTS="--inet=127.0.0.1:10023 --delay=180 --max-age=60"
```

Postgrey memorizza i suoi dati in formato Berkeley DB nella cartella :

```
/var/spool/postgrey
```

Possiamo personalizzare le whilelist editando il file dove vengono identificati i domini da non filtrare con greylist :

```
sudo nano /etc/postgrey/whitelist_clients
```

Oppure i destinatari da non filtrare :

```
sudo nano /etc/postgrey/whitelist_recipients
```

Content Filter con Amavisd-new

Per questa configurazione sono state scelte delle applicazioni note per il buon livello di sicurezza che offrono e per la facilità con la quale possono essere modificati i propri file di configurazione. Come oramai abbiamo capito, per impostazione predefinita Postfix si mette in ascolto sulla porta 25 per la posta in ingresso. Quando arriva un nuovo messaggio di posta, dopo i suoi canonici controlli restrittivi (compreso Postgrey) il server lo inoltra ad *amavisd-new* sulla porta 10024. Amavisd-new, successivamente, controlla il messaggio attraverso vari filtri e lo restituisce a Postfix sulla porta 10025; infine, il messaggio viene inviato alla mailbox del destinatario.

Un caporale con due soldati

Cos'e' *Amavisd-new* ? **Amavisd-new** è un framework per il filtraggio di contenuti che utilizza applicazioni di supporto per il riconoscimento di virus e spam. Il nostro *caporale filtratore* utilizzerà due *soldati* per la sua campagna d'armi: *ClamAV* per il filtraggio dei virus e *Spamassassin* per quello dello spam. Spamassassin, a sua volta, può poggiarsi su applicazioni di livello inferiore, come ad esempio *Vipul's Razor e DCC* (non trattati in questo libro).

Rispetto ad altre tecnologie di controllo dello spam (come gli *RBL*, dall'inglese *Real-time Blackhole List*, termine con il quale si indicano impropriamente le tecnologie *DNSBL*, o di *DNS blacklist*, che consistono nella pubblicazione, da parte di un sito Internet, di una lista di indirizzi IP che, per varie ragioni, ma principalmente spam, dovrebbero essere bloccati), Spamassassin non valida un dato messaggio email in base ad un singolo test. Questo programma, invece, esegue una lista di controlli, sia interni, sia usando delle applicazioni esterne, per calcolare un punteggio da assegnare ad ogni messaggio di posta. Questo punteggio è determinato in base a:

✔ Filtro Bayesiano

✓ Regole statiche basate su espressioni regolari
✓ Reti distribuite e collaborative (RBL, Razor, Pyzor, DCC)

In base al punteggio (configurabile) raggiunto, la mail sarà rifiutata o accettata.

Quando ad Amavisd-new viene segnalato che la mail contiene virus o spam può fare le seguenti cose:

✓ **'PASS'** : Il destinatario riceve la mail
✓ **'DISCARD'**: Il destinatario non riceve la mail. Il mittente non riceve alcuna notifica del fallimento della spedizione, il messaggio viene posto in quarantena se abbiamo deciso di abilitare questa funzionalità:
✓ **'BOUNCE'**: Il destinatario non riceve la mail. Il mittente riceve una notifica che la spedizione è fallita. Nessuna notifica, però, viene inviata se la mail contiene un virus e il mittente viene identificato come "fake", falso.
✓ **'REJECT'**: Il destinatario non riceve la mail. Il mittente riceve una notifica che la spedizione è fallita dal nostro MTA (Postfix).

La differenza sostanziale tra BOUNCE e REJECT è su chi prepara questa DSN (*Delivery Status Notification*). Con REJECT è il nostro MTA (Postfix) che la prepara e la spedisce, con BOUNCE è Amavisd-new che lo fa (generalmente questa contiene maggiori informazioni). Dal momento che Postfix non supporta la funzionalità REJECT, per noi i parametri validi restano dunque PASS, DISCARD e BOUNCE.

In Amavisd-new, queste opzioni di chiamano **D_PASS**, **D_DISCARD** e **D_BOUNCE** e sono configurate con i parametri:

✓ **$final_spam_destiny**
✓ **$final_virus_destiny**
✓ **$final_banned_destiny**
✓ **$final_bad_header_destiny**

Nella nostra configurazione imposteremo Amavisd-new in modo che spam e virus siano cestinati (D_DISCARD), e siccome non disabiliteremo la quarantena, le mail spazzatura finiranno lì. Se volessimo disabilitare la quarantena le mail sarebbero buttate e perse.

Ancora qualche appunto sulla quarantena. Amavisd-new può porvi le mail quando trova spam/virus in una specifica directory oppure può inviarla ad un altro indirizzo email perché venga "spulciata" da un operatore umano che deciderà il destino della "presunta" spazzatura. Quindi, in pratica, potremmo ad esempio indirizzare tutta lo spam a *spam@stenoit.com* e i virus a *virus@stenoit.com*, oppure in alternativa salvarla in una directory del nostro server. Amavisd-new permette di specificare la directory per la quarantena con il parametro **$QUARANTINEDIR**. Tuttavia è possibile scegliere cartelle diverse per lo spam e per i virus.

Configuriamo dunque il sistema per utilizzare *Amavisd-new,* iniziando con la parte *Postfix* e con quella *Spamassassin,* per concludere con quella relativa a *Clamav.*

Postfix

Ancora Postfix. Dobbiamo modificare il file dove vengono definiti i suoi *servizi* aggiungendone uno per *Amavisd-new* e configurarlo affinché ne faccia uso.

Modifichiamo il file **master.cf** (attenzione, non *main.cf*), dove, appunto, sono specificate le impostazioni dei servizi di Postfix:

```
sudo nano /etc/postfix/master.cf
```

e aggiungiamo in fondo :

```
## AMAVISD-NEW
##
amavis    unix    -    -    -    -    2    smtp
    -o smtp_data_done_timeout=1200
    -o smtp_send_xforward_command=yes
    -o disable_dns_lookups=yes

127.0.0.1:10025    inet    n    -    -    -    -    smtpd
    -o content_filter=
    -o smtpd_restriction_classes=
    -o smtpd_delay_reject=no
    -o smtpd_client_restrictions=permit_mynetworks,reject
    -o smtpd_helo_restrictions=
    -o smtpd_sender_restrictions=
    -o smtpd_recipient_restrictions=permit_mynetworks,reject
    -o smtpd_data_restrictions=reject_unauth_pipelining
    -o smtpd_end_of_data_restrictions=
    -o mynetworks=127.0.0.0/8
    -o smtpd_error_sleep_time=0
    -o smtpd_soft_error_limit=1001
    -o smtpd_hard_error_limit=1000
    -o smtpd_client_connection_count_limit=0
    -o smtpd_client_connection_rate_limit=0
    -o smtpd_milters=
    -o local_header_rewrite_clients=
    -o local_recipient_maps=
    -o relay_recipient_maps=
    -o receive_override_options=no_header_body_checks,no_unknown_recipient_checks
```

Cosa abbiamo fatto? Con questa modifica abbiamo definito due "servizi": *Amavisd-new* per il delivery via *smtp* della posta al content filter, e la porta di *reiniezione* (reinjection) sulla 10025 dove ci aspettiamo la risposta.

Non abbiamo finito, ricerchiamo la riga più su dove sta scritto "pickup" e facciamola diventare così:

```
pickup    fifo  n       -       n       60      1         pickup
  -o content_filter=
  -o receive_override_options=no_header_body_checks
```

Questo fa si che i messaggi locali (ad esempio quelli generati dal server stesso con crond per postmaster o root o chicchessia) non vengano filtrati.

Per finire facciamo una ultima modifica al file *main.cf* :

```
sudo nano /etc/postfix/main.cf
```

in cui dobbiamo istruire Postfix ad usare il content filter attraverso il servizio che abbiamo definito sulla porta 10024. Aggiungiamo quindi in fondo :

```
content_filter = amavis:[127.0.0.1]:10024
```

Questo ci fa capire che potremmo, specificando un indirizzo IP opportuno, usare anche un server esterno per il content filter.

Amavisd-new

E' il turno di Amavisd-new. Per le personalizzazioni Ubuntu ci propone un apposito file vuoto, in questo modo non rischiamo di compromettere la configurazione di default:

```
sudo nano /etc/amavis/conf.d/50-user
```

Impostiamo la variabile **$mydomain** con il dominio:

```
$mydomain = 'stenoit.com';
```

e cambiamo il nome del nostro host con la variabile **$myhostname.**

```
$myhostname = 'sbs.stenoit.com';
```

troviamo,se esiste, la riga seguente e aggiungiamo il nostro dominio :

```
@local_domains_maps = ( [".$mydomain", ".stenoit.com"] );
```

Proseguiamo con la parte **spamassassin** di Amavisd-new.

Questo fa si che tutte le mail indirizzate ai domini in **@local_domains** abbiano specificato il punteggio spam nella header della mail, che siano spam oppure no.

```
$sa_tag_level_deflt = undef;
```

Questo è il punteggio "spartiacque" delle mail. Ogni mail con punteggio superiore a **$sa_tag2_level_deflt** sarà considerata spam. Amavisd-new aggiungerà un prefisso "[SPAM] " all'oggetto della stessa che sarà poi inviata al destinatario.

```
$sa_tag2_level_deflt = 5.0;
```

Questo valore definisce il punteggio sopra cui la mail deve essere messa in quarantena da Amavisd-new. Definisce anche il livello sopra il quale il mittente viene avvisato (*Delivery Status Notification, DSN*) che il messaggio non è stato recapitato. Nessun DSN viene inviato, tuttavia, se il parametro **$sa_dsn_cutoff_level** è impostato ad un valore inferiore al punteggio spam (vedi dopo).

Siccome noi non vogliamo per niente al mondo avvisare gli spammers che gli abbiamo bloccato la mail impostiamo il parametro al valore assurdo di 10000.

```
$sa_kill_level_deflt = 10000;
```

Fino a questo momento tutto lo spam è inviato ai nostri utenti, con il solo oggetto modificato. Tuttavia, quando definiremo la variabile **$spam_quarantine_to** più sotto, in effetti ognuna di queste mail sarà messa in quarantena ed inviata a chi definito dal parametro, con oggetto e header modificato.

Questo parametro definisce il punteggio oltre al quale non siamo interessati ad inviare la notifica (DSN) al mittente. Possiamo lasciare questo valore dal momento che non siamo interessati ad inviare alcuna notifica (cambieremo D_BOUNCE in D_DISCARD più sotto).

```
$sa_dsn_cutoff_level = 9;
```

Oltre questo livello la mail non viene nemmeno posta in quarantena

```
$sa_quarantine_cutoff_level = 20;
```

Come più volte detto non è nostra intenzione inviare alcuna notifica ai mittenti. Tutte le mail finiranno in quarantena. Tuttavia preferiamo inviare le mail ad un responsabile perché controlli i messaggi incriminati anziché in una directory di quarantena: i filtri non sono perfetti e si potrebbero verificare dei falsi positivi. Per fare questo definiamo i destinatari, e la directory di quarantena verrà disabilitata automaticamente:

```
$final_virus_destiny = D_DISCARD;
$final_spam_destiny = D_DISCARD;
$final_banned_destiny = D_DISCARD;
```

Gli indirizzi seguenti diventeranno, dunque, **virus@stenoit.com** e **spam@stenoit.com**.

```
$virus_quarantine_to = "virus\@$mydomain";
$banned_quarantine_to = "spam\@$mydomain";
$bad_header_quarantine_to = "spam\@$mydomain";
$spam_quarantine_to = "spam\@$mydomain";
```

Ora definiamo gli indirizzi di notifica. Questi destinatari riceveranno le notifiche sui virus trovati, per disabilitare la notifica basta commentare la riga.

```
$virus_admin = "postmaster\@$mydomain";
$banned_admin = "postmaster\@$mydomain";
```

Di seguito definiamo chi debba essere il mittente delle notifiche :

```
$mailfrom_notify_admin = "postmaster\@$mydomain";
$mailfrom_notify_recip = "postmaster\@$mydomain";
$mailfrom_notify_spamadmin = "postmaster\@$mydomain";
$hdrfrom_notify_sender = "amavisd-new <postmaster\@$mydomain>";
```

e la stringa che deve essere anteposta all'oggetto della mail che consideriamo SPAM per riconoscerla facilmente:

```
$sa_spam_subject_tag = '[SPAM] ';
```

Amavis decomprime gli allegati delle email per controllare la presenza di virus. Prima abbiamo installato i pacchetti necessari ma dobbiamo abilitare il supporto ai file compressi con *lha/lzh* disabilitati di default:

```
$lha = "lha";
```

Modifichiamo il database degli alias per evitare di aggiungere i destinatari email specificati. Abbiamo scelto di mandare tutte le notifiche all'amministratore.

```
sudo nano /etc/aliases
```

Inseriamo "virus" e "spam". Il file dovrebbe essere così:

```
root:          sbsadmin
virus:         root
spam:          root
postmaster:    root
clamav:        root
```

Tutte le notifiche arriveranno dunque all'utente *sbsadmin*. Non dimentichiamoci che dopo aver modificato il file devo sempre dare:

```
sudo newaliases
```

per far sì che le modifiche diventino operative.

L'ultima operazione che dobbiamo fare è configurare Amavisd-new affinché usi Spamassassin e Clamav come filtri antispam e antivirus. Editamo il file:

```
sudo nano /etc/amavis/conf.d/15-content_filter_mode
```

e togliamo il commando dalle righe interessate. Così:

```
#
# Default antivirus checking mode
# Uncomment the two lines below to enable it back
#

  @bypass_virus_checks_maps = (
    \%bypass_virus_checks, \@bypass_virus_checks_acl, \$bypass_virus_checks_re);

#
# Default SPAM checking mode
# Uncomment the two lines below to enable it back
#

  @bypass_spam_checks_maps = (
    \%bypass_spam_checks, \@bypass_spam_checks_acl, \$bypass_spam_checks_re);

#
```

Abbiamo finito. Ammetto che può risultare veramente complicato districarsi tra le tante opzioni, ma l'importante è che alla fine il risultato sia quello voluto, e su questo non ci sono dubbi.

Spamassassin

Spamassassin lo dobbiamo solo abilitare. Basta editare il file:

```
sudo nano /etc/default/spamassassin
```

E impostare il parametro:

```
ENABLED=1
```

Clamav & Freshclam

Amavisd-new può utilizzare un ampio ventaglio di antivirus che comprende tutti i big commerciali del settore, noi abbiamo deciso per *clamav* dal momento che è opensource e liberamente disponibile.

Nel caso invece volessimo usare un antivirus diverso diamo una occhiata al file:

```
/etc/amavis/conf.d/15-av_scanners
```

Che contiene una sezione per ogni antivirus supportato. Basta decommentare quella relativa per averlo abilitato (possiamo anche lasciarne più di uno).

Configurazione

Clamav non necessita di una particolare configurazione, dobbiamo però integrarlo con Amavisd-new.

L'unica cosa da fare è permettere agli utenti che lanciano i servizi di interagire reciprocamente. Assegnamo dunque l'utente "clamav" al gruppo "amavis" e l'utente "amavis" al gruppo "clamav":

```
sudo adduser amavis clamav
sudo adduser clamav amavis
```

Proviamo ad aggiornare le definizioni dei virus :

```
sudo freshclam
```

Dovremmo ottenere qualcosa del genere:

```
ClamAV update process started at Fri Aug 27 15:00:40 2010
main.cvd is up to date (version: 52, sigs: 704727, f-level: 44, builder: sven)
daily.cld is up to date (version: 11719, sigs: 116535, f-level: 53, builder: arnaud)
bytecode.cvd is up to date (version: 39, sigs: 9, f-level: 53, builder: edwin)
```

Avvio dei servizi

Per fare in modo che le modifiche di configurazione vengano recepite dobbiamo ora riavviare tutti i servizi.

Clamav ha due demoni, uno per la scansione (clamav-daemon) e uno per l'aggiornamento del database dei virus conosciuti (clamav-freshclam), ma vengono lanciati in coppia.

Digitiamo:

```
sudo /etc/init.d/clamav-freshclam restart
sudo /etc/init.d/clamav-daemon restart
sudo /etc/init.d/dovecot restart
sudo /etc/init.d/postfix restart
sudo /etc/init.d/postgrey restart
sudo /etc/init.d/spamassassin restart
sudo /etc/init.d/amavis restart
```

Il nostro Mail Server con filtri antispam e antivirus è pronto. Diamo velocemente una occhiata al log con il comando:

```
sudo tail -f /var/log/mail.log
```

che dovrebbe mostrarmi qualcosa del genere:

```
Aug 27 15:17:32 amavis[31888]: Found decoder for   .zoo at /usr/bin/zoo
Aug 27 15:17:32 amavis[31888]: Found decoder for   .lha at /usr/bin/lha
Aug 27 15:17:32 amavis[31888]: Found decoder for   .doc at /usr/bin/ripole
Aug 27 15:17:32 amavis[31888]: Found decoder for   .cab at /usr/bin/cabextract
Aug 27 15:17:32 amavis[31888]: No decoder for      .tnef
Aug 27 15:17:32 amavis[31888]: Internal decoder for .tnef
Aug 27 15:17:32 amavis[31888]: Found decoder for   .exe at /usr/bin/lha;/usr/bin/arj
Aug 27 15:17:32 amavis[31888]: Using primary internal av scanner code for ClamAV-clamd
```

```
Aug 27 15:17:32 amavis[31888]: Found secondary av scanner ClamAV-clamscan at
/usr/bin/clamscan
Aug 27 15:17:32 amavis[31888]: Creating db in /var/lib/amavis/db/; BerkeleyDB 0.39,
libdb 4.8
```

amavis ha trovato i decoder per i file compressi e *clamav* per la scansione antivirus degli allegati.

Test dei filtri

Possiamo testare l'efficacia dell'antivirus scaricando *Eicar*, un virus di test fatto apposta. Andiamo nella nostra home e digitiamo:

```
wget http://www.eicar.org/download/eicar.com
```

successivamente mettiamoci in ascolto sul file di log:

```
sudo tail -f /var/log/mail.log
```

Ora da un client della rete interna proviamo ad inviare una email con questo file allegato ad un utente del nostro dominio (ad esempio *user1@stenoit.com*), dovremmo veder passare qualcosa del genere:

```
Blocked INFECTED (Eicar-Test-Signature)
```

che indica che il nostro virus è stato correttamente rilevato.

In alternativa possiamo eseguire il test dalla console, ma prima di farlo dobbiamo momentaneamente disabilitare, commentandole con "#", le opzioni di "pickup" che abbiamo inserito nel file */etc/postfix/master.cf*, altrimenti Postfix non filtra i messaggi inviati localmente dal server. Ricordate sempre di dare un:

```
sudo postfix reload
```

dopo ogni modifica.

Ora inviamo una mail di prova dalla console:

```
sendmail -f test@gmail.com user1@stenoit.com < eicar.com
```

Nel log dovremmo vedere che il messaggio viene individuato e bloccato, e guardando le email dell'utente *sbsadmin@stenoit.com* (nella cartella */home/sbsadmin/MailDir/cur*, ricordiamo che *virus@stenoit.com* è solo un alias) troveremo la mail con la segnalazione del virus.

Firewall

Dobbiamo permettere il traffico sulle porte utilizzate da Dovecot e anche per sicurezza *costringere* gli utenti della nostra rete ad utilizzare **sempre** il nostro server per spedire.

Editiamo il file :

```
sudo nano /etc/shorewall/rules
```

e aggiungiamo le nuove regole (sempre che non abbiamo già abilitato tutto il traffico interno nelle policy di default di Shorewall):

```
POP3/ACCEPT          loc     $FW
IMAP/ACCEPT          loc     $FW
POP3S/ACCEPT         loc     $FW
IMAPS/ACCEPT         loc     $FW
```

Se vogliamo scaricare la posta anche quando siamo fuori dall'azienda dobbiamo anche abilitare l'accesso dall'esterno:

```
POP3/ACCEPT          net     $FW
IMAP/ACCEPT          net     $FW
POP3S/ACCEPT         net     $FW
IMAPS/ACCEPT         net     $FW
```

La regola più importante

Stiamo filtrando tutta la posta per proteggere i nostri utenti da SPAM e Virus, ma anche per evitare di essere *bannati* dagli altri server di posta perché *non "virtuosi"*, nel senso che non possiamo solo limitarci a respingere le mail che arrivano e che contengono "spazzatura", dobbiamo anche evitare di spedirla.

Se gli utenti della nostra rete utilizzano il nostro server per spedire la posta Amavisd-new fa già il suo lavoro, ma cosa succede se un nostro utente (o un utente "esterno" nostro ospite) ha il suo bel account su GMail o su Yahoo o qualunque altro, e usa l'SMTP di questi Provider per spedire la posta? Se per caso il suo notebook è infetto e trasformato in uno *zombie* alla mercé degli Spammers abbiamo un grosso problema: appena questi accende il computer collegato alla nostra rete aziendale potrebbe iniziare a spedire ingenti quantità di SPAM *attraverso* il suo provider il quale cosa vedrà come mittente della spazzatura che gli sta arrivando? Il nostro server, naturalmente, che sta "nattando" la rete con un unico indirizzo IP. Risultato? 10 minuti e saremo "bannati", e in brevissimo tempo non riusciremo più ad inviare una singola mail.

Come evitare questo disastro? Con questa regola da mettere su */etc/shorewall/rules* :

```
REDIRECT loc  smtp  tcp  smtp - !212.239.29.208,192.168.20.1
```

Dove "*212.239.29.208*", ricordo, è l'indirizzo IP pubblico del nostro server. In questo modo chiunque cerchi di "passare" attraverso di lui (ad eccezione di chi ci punta correttamente) utilizzando il protocollo SMTP, viene "girato" localmente sul server che così avrà la possibilità di filtrare e bloccare qualunque messaggio proveniente dalla nostra rete locale.

Ora non ci resta che riavviare il firewall:

```
sudo shorewall restart
```

Relay

Facciamo un piccolo passo indietro. Ad inizio capitolo abbiamo paventato la possibilità di utilizzare un server locale per la nostra posta senza disporre di un indirizzo pubblico e della possibilità di metter mano alla tabella DNS pubblica del nostro dominio.

La soluzione a questo problema è relativamente semplice anche se, purtroppo, risulta più complessa da gestire in quanto dobbiamo disporre di un server di posta esterno per l'invio della posta ad utenti che non fanno parte della nostra rete. In più dobbiamo creare due volte l'utente: uno ovviamente nel server interno e uno nel server esterno.

Ma allora che vantaggio può avere una configurazione di questo tipo? Essenzialmente due: innanzitutto sono validi tutti i filtri antispam e antivirus che abbiamo impostato fino ad ora che rendono indubbiamente più sicure le nostre caselle di posta e in secondo luogo lo scambio di posta e allegati tra utenti della nostra rete sono molto più rapidi in quanto rimangono locali senza passare attraverso server di posta remoti in internet.

Procediamo supponendo che il server esterno si chiami *mailext.stenoit.com* e abbia indirizzo IP *212.239.29.208*.

DNS

Innanzitutto, se il dominio esterno corrisponde a quello interno (come è nel nostro particolare caso, *stenoit.com*) devo preoccuparmi di impostare correttamente il mio DNS. Si veda il Capitolo 5 su come fare per creare un record che risolva correttamente il nome host che abbiamo scelto:

```
mailext.stenoit.com   212.239.29.208
```

Postfix

Per l'invio della posta dobbiamo configurare Postfix affinché non invii la posta direttamente ai destinatari ma bensì la inoltri a *mailext.stenoit.com* esterno alla nostra rete, un server ufficiale e riconosciuto in internet. Per far questo basta editare il solito file di configurazione di Postfix:

```
sudo nano /etc/postfix/main.cf
```

e impostare il parametro:

```
relayhost = mailext.stenoit.com
```

Dopo aver riavviato Postfix o digitato il comando

```
sudo postfix reload
```

tutta la posta con dominio diverso da *stenoit.com* (o meglio, non incluso nel parametro di Postfix, *mydestination*) verrà inoltrata a *mailext.stenoit.com* che provvederà ad inviarla a destinazione.

Fetchmail

Per l'invio abbiamo risolto in modo rapidissimo: ma cosa dire della posta in arrivo? Essa non arriverà direttamente al nostro server interno, ma si fermerà su *mailext.stenoit.com* dove ovviamente abbiamo dovuto preventivamente creare tutte le caselle di posta opportune.

Per risolvere il problema ci affidiamo a *fetchmail*, un software che permette di scaricare la posta da server POP3 e IMAP esterni ed affidarla ad uno locale al fine di distribuirla nelle caselle dei suoi utenti.

Installazione e configurazione

Per l'installazione basta il semplice comando:

```
sudo apt-get install fetchmail
```

la prima cosa che dobbiamo fare è impostarlo come *deamon*, in questo modo, ogni "x" minuti (che definiremo poi) andrà a prelevare la posta da *mailext*.

```
sudo nano /etc/default/fetchmail
```

e impostiamo il parametro:

```
START_DAEMON=yes
```

La configurazione di *fetchmail* viene fatta agendo sul seguente file:

```
sudo nano /etc/fetchmailrc
```

In cui inizialmente inseriremo i parametri:

```
# Scarica ogni 5 minuti
set daemon 300
# log tramite syslog
set syslog
```

Il primo è il più importante, in quanto indica a fetchmail di scaricare eventuali email ogni 5 minuti (300 secondi).

Successivamente possiamo iniziare a settare le singole caselle di posta da scaricare usando questa sintassi supponendo siano coinvolti gli utenti *tecnico1* e *commerciale1*:

```
poll mailext.stenoit.com timeout 60 uidl proto POP3
 user "tecnico1" pass "mypwd" is tecnico1 here fetchall
 user "commerciale1" pass "mypwd" is commerciale1 here fetchall
```

Dunque nel nostro caso ad intervalli di 5 minuti viene fatto il "poll" sul server esterno e scaricata ed eliminata (fetchall) attraverso POP3 tutta la posta presente su *mailext.stenoit.com* relativa agli utenti specificati.

Questo è solo un esempio comune su come viene usato fetchmail. Tuttavia esso dispone di moltissimi parametri, consultare una guida online per risolvere casi particolari oppure digitare

```
fetchmail --help
```

per vederne una breve spiegazione.

Roundcube Webmail

Abbiamo LAMP installato e funzionante, perché allora non dotare gli utenti di una comoda webmail per leggere la propria posta anche via browser? Potrebbe essere molto utile quando si è fuori sede e non si dispone del proprio computer.

Esistono molti pacchetti che svolgono questa funzione, noi installeremo *Roundcube Webmail*, un client IMAP multilingua creato seguendo gli standard Web 2.0 con una bella interfaccia utente compatibile con la maggior parte dei browser. Con RoundCube si possono avere tutte le funzionalità di un qualsiasi client e-mail, incluso il supporto MIME, la rubrica degli indirizzi, la gestione delle cartelle, la ricerca dei messaggi e il controllo ortografico. Il pacchetto è scritto in PHP e, cosa molto interessante, usa un database (nel nostro caso MySQL) per memorizzare i dati.

Agendo sulla "skin", l'interfaccia utente è personalizzabile nell'aspetto, così i più volenterosi potranno realizzare un "tema" che rispecchi la grafica dell'azienda.

Installazione e configurazione

Ancora una volta con Ubuntu questa procedura è incredibilmente semplice:

```
sudo apt-get install roundcube tinymce php-mdb2-driver-mysql
```

tinymce è un editor scritto in *javascript* (opzionale) che ci permetterà di scrivere il testo delle email in modo *wysiwyg*.

Durante l'installazione *debconf* ci farà delle domande per configurare *Roundcube* e creare le tabelle sul database. Rispondiamo in questo modo (ricordo che *"admin"* è la password dell'utente *"root"* definita durante l'installazione di MySQL nel capitolo 7):

```
Configure database for roundcube with dbconfig-common? => <Yes>
Database type to be used by roundcube: => mysql
Password of the database's administrative user: => admin
MySQL application password for roundcube:  => roundadmin
Password confirmation: => roundadmin
```

Ora attiviamo *Roundcube* editando il file:

```
sudo nano /etc/roundcube/apache.conf
```

Rimuovendo il commento davanti alla riga:

```
Alias /roundcube /var/lib/roundcube
```

Configuriamo due parametri editando il file:

```
sudo nano /etc/roundcube/main.inc.php
```

impostando i seguenti valori:

```
$rcmail_config['default_host'] = 'localhost';
$rcmail_config['mail_domain'] = 'stenoit.com';
```

in modo che venga chiesto solo utente e password (Roundcube potrebbe essere usato anche per collegarsi ad altri domini).

Non dimentichiamoci del firewall se vogliamo accedere alla webmail dall'esterno, aggiungendo la seguente regola nel file */etc/shorewall/rules* :

```
HTTP/ACCEPT             net       $FW
```

in modo da permettere l'accesso al firewall con un browser.

Non ci resta che riavviare i servizi:

```
sudo /etc/init.d/apache2 restart
sudo shorewall restart
```

Ora per accedere a Roundcube Webmail basta far puntare il nostro browser preferito all'indirizzo:

```
http://sbs.stenoit.com/roundcube
```

Conclusioni

Questa parte è veramente intricata, ma vi assicuro che il risultato è ottimo. Certo, sarebbe auspicabile semplificare un pochino magari accorpando qualche funzionalità (specie il content filter) direttamente in Postfix dal momento che oramai praticamente tutti i server di posta filtrano i messaggi.

Chissà magari un giorno qualcuno ci penserà, nel frattempo non abbiamo molte alternative a quanto visto.

10

Proxy Server

Con la configurazione NAT vista nel capitolo 6 facciamo navigare tutti i nostri clients di rete indistintamente. Ognuno di loro verrà "mascherato" alla rete esterna, il nostro firewall in modo trasparente farà da intermediario qualunque sia la natura della nostra richiesta.

Tuttavia spesso questa anarchia non è tollerata, il desiderio di poter controllare dove, chi e quando i nostri utenti richiedono pagine web o altri servizi è molto comune.

Per venire incontro a queste esigenze, in questo capitolo vedremo come dotare il nostro server di un servizio Proxy Cache aziendale e come sia anche possibile utilizzare Shorewall per operare un controllo sul traffico internet.

Il *Proxy* è un software *che* si incarica di caricare le pagine web da internet richieste dai nostri utenti e di copiarle localmente in modo trasparente. In più può anche operare dei filtri per concedere agli utenti o meno accesso alle stesse.

Ma vediamo in dettaglio i principali benefici nell'adottare un servizio di questo tipo:

- ✔ Gli utenti non accedono direttamente ad internet ma prima al server locale. In questo modo se una pagina è già stata richiesta da un altro utente, si trova già in locale facendo aumentare notevolmente la velocità di navigazione.
- ✔ Possiamo limitare la navigazione ad esempio configurando il server in modo che gli utenti non possano accedere a determi-

nati siti o che la navigazione sia completamente libera in presta-
bilite fasce orarie, ad esempio solo durante la pausa pranzo.
✓ Possiamo limitare quali utenti hanno libero accesso ad internet.
✓ Sicurezza. Il proxy è un filtro tra noi ed internet. Limitando la libertà degli utenti della rete interna diminuiscono i rischi.

Non analizzeremo tutti questi aspetti, ci limiteremo ad implementare
una esigenza molto frequente, e cioè quella di limitare la navigazione
web ad utenti specifici appartenenti magari ad un gruppo creato per l'occasione sul nostro Domain Controller Samba. Per implementare l'autenticazione attiveremo un *helper* apposito, e avremmo bisogno di un File
Server con LDAP come quello visto nel capitolo 8.

Per la configurazione lato client, invece, utilizzeremo *WPAD* (*Web Proxy Autodiscovery Protocol*), in questo modo i browser degli utenti indivi-
dueranno automaticamente il Server Proxy senza necessità di intervento manuale. WPAD necessita del server web installato nel capitolo 7.

Squid

"Cache Proxy" in ambiente Linux è quasi sinonimo di "*Squid*". Squid,
infatti, è un potente software che fornisce servizi proxy e cache per
HTTP (*Hyper Text Transport Protocol*), FTP (*File Transfer Protocol*) e
molti altri protocolli di rete. Supporta anche SSL (*Secure Sockets
Layer*), caching per ricerche di DNS (*Domain Name Server*) e *traspa-
rent caching*, un nome, questo ultimo, che indica una tecnica per cui
ogni richiesta HTTP, FTP o altro in transito sul firewall venga "girata" automaticamente al proxy senza alcun intervento sui client. Tuttavia questo comporta dei limiti che vedremo dopo.

Un server con Squid è dunque una valida soluzione per le necessità di
caching e proxy, potendo scalare dal piccolo ufficio fino alla grande impresa, fornendo anche strumenti di controllo e monitoraggio dei parametri critici molto accurato.

Attenzione però: Squid è molto vorace di memoria, più ne trova a disposizione e più le sue performance aumentano. Per piccole installazioni come la nostra non ci sono problemi, ma se dovesse aumentare di
molto il numero di clients della rete può diventare un indigesto collo di
bottiglia.

Scenari

Innanzitutto vediamo cosa ci prefiggiamo di fare, le possibilità offerte
sono molte e variegate, ne proponiamo una paio semplici ma complete
di autenticazione. In entrambi i casi permetteremo la navigazione web ai
soli utenti membri di uno specifico gruppo samba di dominio chiamato

"Internet", in questo modo per abilitare o meno "user1" alla navigazione basterà renderlo o meno membro del gruppo.

Perché due soluzioni? Perché quella che ritengo più completa e interessante necessita che il Proxy risieda su una macchina diversa da dove abbiamo installato il Domain Controller, pena la non autenticazione degli utenti. Non è un problema di Squid, e nemmeno di Samba, ma usando *Winbind* per l'autenticazione, questo per sua natura non può enumerare utenti e gruppi locali, ma solo quelli dei domini "trusted" esterni. Può sembrare strano ma non lo è: Winbind è usato in vari contesti, ad esempio nel caso volessi autenticare utenti Linux su un Domain Controller Microsoft esterno.

Comunque magari aumentando il numero degli utenti potrebbe essere una soluzione ottimale suddividere il carico, ad esempio firewall e proxy su un server, il resto su di un altro interno alla rete. In questo caso potremmo adottare questa soluzione. Ma andiamo con ordine.

Autenticazione LDAP (ldap_auth)

Squid supporta l'autenticazione con vari *"helper"* esterni, dal semplice *passwd* a *LDAP*, da *Samba* ad *Active Directory* di Microsoft.

Con questo *helper* attivo l'utente dovrà digitare utente e password nella finestrella che verrà mostrata loro dal browser. Se l'autenticazione va a buon fine attraverso l'interrogazione diretta all'albero LDAP, Squid controllerà che l'utente sia anche membro del gruppo *"Internet"*, nel qual caso permetterà la navigazione.

Installazione

L'installazione non presenta difficoltà, installiamo la versione 3 del Proxy Cache Squid:

```
sudo apt-get install squid3
```

Configurazione

Il file di configurazione di Squid è generoso nei commenti e nei possibili parametri, noi salviamocelo e partiamo da un file pulito inserendo solo quello che ci serve.

```
sudo mv /etc/squid3/squid.conf /etc/squid3/squid.conf.orig
sudo nano /etc/squid3/squid.conf
```

Ecco cosa inserire nel file:

```
visible_hostname sbs
http_port 3128
hierarchy_stoplist cgi-bin ?
acl apache rep_header Server ^Apache
```

```
cache_mem 8 MB
access_log /var/log/squid3/access.log squid
```

```
 auth_param basic program /usr/lib/squid3/squid_ldap_auth \
                 -b "ou=Users,dc=stenoit,dc=com" \
                 -v3 -f "uid=%s" -h localhost
auth_param basic children 5
auth_param basic credentialsttl 30 minutes

authenticate_ip_ttl 9 hour

external_acl_type ldap_group ttl=5 children=5 \
                 %LOGIN /usr/lib/squid3/squid_ldap_group \
                 -b "ou=Groups,dc=stenoit,dc=com" \
                 -B "ou=Users,dc=stenoit,dc=com" \
                 -f "(&(memberUid=%v)(cn=%a))" -h localhost

acl internetfull external ldap_group internet

acl goodurl url_regex -i "/etc/squid3/goodurl"
acl badurl url_regex -i "/etc/squid3/badurl"
acl time_acl time M T W H F 8:30-19:00
refresh_pattern ^ftp: 1440 20% 10080
refresh_pattern ^gopher: 1440 0% 1440
refresh_pattern . 0 20% 4320
acl manager proto cache_object
acl localhost src 127.0.0.1/255.255.255.255
acl to_localhost dst 127.0.0.0/8

acl SSL_ports port 443
acl Safe_ports port 80 # http
acl Safe_ports port 21 # ftp
acl Safe_ports port 443 # https
acl Safe_ports port 70 # gopher
acl Safe_ports port 210 # wais
acl Safe_ports port 1025-65535 # unregistered ports
acl Safe_ports port 280 # http-mgmt
acl Safe_ports port 488 # gss-http
acl Safe_ports port 591 # filemaker
acl Safe_ports port 777 # multiling http
acl officialweb dst www.stenoit.com

acl CONNECT method CONNECT
acl password proxy_auth REQUIRED

http_access allow officialweb
http_access allow goodurl
http_access deny badurl
http_access allow manager localhost
http_access deny manager
http_access deny !Safe_ports
http_access deny CONNECT !SSL_ports
```

```
http_access allow password internetfull
http_access deny all

coredump_dir /var/spool/squid3
```

Diamo una spiegazione ai parametri più significativi, per chi volesse approfondire consiglio come al solito la guida relativa.

visible_hostname

Il nome del proxy. Anziché "sbs" potremmo mettere "proxy" aggiungendo il riferimento sul file */etc/dnshosts* come visto nel capitolo 5, in questo modo potremmo spostare il server senza difficoltà cambiandone solo i riferimenti sul DNS.

http_port

La porta su cui il proxy sta in ascolto. 3128 è la predefinita.

cache_mem

La memoria utilizzata da Squid per velocizzare la navigazione. 8MB è il default, possiamo anche salire, dipende da quanta RAM abbiamo a disposizione.

auth_param

Abbiamo visto che una delle caratteristiche di Squid è quella di consentire l'accesso al servizio solo previa autenticazione, ed una delle modalità supportate è quella che ricorre ai dati memorizzati su un server LDAP.

Per utilizzare questa funzionalità occorre anzitutto richiedere a Squid di abilitare l'autenticazione degli utenti; per poter usare utenti mantenuti su LDAP l'unico schema disponibile è **basic** (le altre sono **ntlm** e **digest**, si veda la guida) che usa utenti e password in chiaro. La direttiva di base che permette di impostare l'autenticazione degli utenti è appunto *auth_param*, che prende come primo argomento lo schema da utilizzare (nel nostro caso basic), il secondo la direttiva (*program*) e come terzo argomento il parametro da configurare.

La direttiva deve essere ripetuta per ciascun parametro che si intende configurare, ma quello principale è *program*, che consente di indicare il programma da utilizzare per autenticare gli utenti che, usando noi LDAP è appunto *squid_ldap_auth*:

```
auth_param basic program /usr/lib/squid3/squid_ldap_auth
               -b "ou=Users,dc=stenoit,dc=com"
               -v3 -f "uid=%s" -h localhost
```

Il parametro *-b* specifica la base dell'albero su cui eseguire la ricerca, *-v3* indica che usiamo la versione 3 del protocollo LDAP, *-f* specifica il filtro su cui eseguire la ricerca degli utenti (*%s* indica l'utente) e *-h* il server LDAP. *Attenzione che il comando deve essere su di una unica riga.*
I successivi parametri:

```
auth_param basic children 5
auth_param basic credentialsttl 30 minutes
```

Fanno sì che vengano lanciati 5 processi figli (*children 5*) per velocizzare la risposta e che l'autenticazione non viene chiesta nuovamente per 30 minuti (*credentialsttl 30 minutes*).

Specificando poi:

```
acl password proxy_auth REQUIRED
http_access allow password
```

permettiamo a qualunque utente correttamente autenticato di navigare su internet.

external_acl_type

Squid consente anche un controllo molto più dettagliato, permettendoci di impostare ACL diverse a seconda del gruppo, sempre mantenuto su LDAP, di cui gli utenti fanno parte. Per questo occorre sfruttare una sua caratteristica particolare che è quella di ampliare le ACL disponibili appoggiandosi ad un programma esterno, in modo analogo a quanto avviene per eseguire l'autenticazione.

Per far questo le ACL di Squid comprendono una classe speciale, *external*, che consente di effettuare un controllo invocando un opportuno programma di ausilio attraverso la direttiva, *external_acl_type*. Quest'ultima prende come argomento un nome, che identificherà quel particolare tipo di ACL, seguita dalle indicazioni necessarie ad invocare il programma esterno.

Noi che vogliamo usare come ACL l'appartenenza o meno di un utente ad uno specifico gruppo su LDAP, usiamo un apposito programma, *squid_ldap_group*, con Ubuntu distribuito insieme a Squid, che ci permette di effettuare questa verifica. Ecco l'estratto relativo:

```
external_acl_type ldap_group ttl=5 children=5
                  %LOGIN /usr/lib/squid3/squid_ldap_group
                  -b "ou=Groups,dc=stenoit,dc=com"
                  -B "ou=Users,dc=stenoit,dc=com"
                  -f "(&(memberUid=%v)(cn=%a))" -h localhost
```

(ricordo ancora una volta che quanto scritto deve essere su una unica riga) e la sua ACL:

```
acl internetfull external ldap_group internet
```

In pratica definiamo un tipo di ACL esterna *ldap_group*, che fa ricorso al suddetto programma, e poi lo utilizziamo per creare delle nuove ACL da usare per imporre diverse restrizioni a seconda dell'appartenenza ad un certo gruppo (nel nostro caso "internet").

I parametri *-B* e *-b* specificano la sezione dell'albero dove risiedono rispettivamente utenti e gruppi, *%LOGIN* contiene il nome dell'utente autenticato, *-f* è il filtro per verificare che l'utente appartenga al gruppo stabilito.

Il programma *squid_ldap_group* prende in input una riga contenente utente e gruppo e restituisce il risultato (come richiesto per l'uso da parte di *external_acl_type*) sullo standard output, per cui può essere anche usato da riga di comando per verificarne il funzionamento.

Con questo comando ad esempio verifico che l'utente "tecnico1" appartenga al gruppo "tecnico" (attenzione al comando che va tutto in una unica riga):

```
echo "tecnico1 tecnico" | /usr/lib/squid3/squid_ldap_group -b
"ou=Groups,dc=stenoit,dc=com" -B "ou=Users,dc=stenoit,dc=com"
-f "(&(memberUid=%v)(cn=%a))" -h localhost
```

La risposta dovrebbe essere un semplice "OK" in caso sia vero, oppure un "ERR" in caso negativo.

La complessità dell'uso di *squid_ldap_group* sta nel modo in cui viene fatta la ricerca della presenza di un utente in un gruppo, che è governata dal filtro di ricerca specificato con l'opzione *-f*. Il filtro infatti supporta una sintassi speciale nella quale possiamo usare le notazioni %v e %a per indicare rispettivamente il nome dell'utente ed il nome del gruppo ottenuti in ingresso. Qualora trovi una voce corrispondente il programma avrà successo.

acl & http_access

I comandi ACL (*Access Control List*) servono, come abbiamo in parte già visto, per definire i tipi di controllo da fare per accettare o meno la richiesta degli utenti. Ad esempio con:

```
acl goodurl url_regex -i "/etc/squid3/goodurl"
```

definiamo una acl "*goodurl*" di tipo "*url_regex*" indicando come parametro un file esterno (opzione *-i*). In questo file esterno possiamo elencare, ad esempio, i siti web a cui vogliamo dar accesso a tutti. Il comportamento delle ACL, tuttavia, va definito in seguito ad esempio abilitando *goodurl* anche per gli utenti non autenticati con il comando *http_access allow*.

Capiamo meglio con un altro esempio:

```
acl mynet src 192.168.20.0/255.255.255.0
acl time_acl time M T W H F 12:00-13:30
```

Queste ACL definiscono un range di indirizzi che corrisponde alla mia rete interna e un intervallo di tempo, dal lunedì al venerdì dalle 12:00 alle 13:30. Ecco come abilitare la navigazione nella pausa pranzo nei siti specificati nel file *goodurl*:

```
http_access allow mynet time_acl goodurl
```

possiamo anche definire la negazione con il punto esclamativo (!), ad esempio per abilitare la navigazione nel periodo di tempo stabilito tranne nei siti definiti in una nuova ACL *"badurl"* dobbiamo scrivere:

```
acl badurl url_regex -i "/etc/squid3/acl/badurl"
acl localnet src 192.168.20.0/255.255.255.0
acl time_acl time M T W H F 12:00-13:30
http_access allow mynet time_acl !badurl
```

E' importante ricordare che **le direttive *http_access* vengono valutate nell'ordine in cui sono specificate.** Appena una è soddisfatta la valutazione si interrompe.
Quindi una direttiva come:

```
http_access deny all
```

va posta per ultima, altrimenti nessuno mai potrà accedere a internet.
A questo proposito torniamo ad esaminare il nostro file di configurazione e guardiamo le prime tre direttive:

```
http_access allow localnet
http_access allow officialweb
http_access allow password internetfull
```

se un utente accede ad un web server interno alla rete (*allow localnet*) o al nostro sito web aziendale esterno (*allow officialweb*) viene abilitato immediatamente, senza valutare utente e password e appartenenza al gruppo "internet" che possono essere ignorati.

Gli altri parametri si assomigliano come concetto, per una visione più approfondita possiamo leggere il file originale *squid.conf.orig* oppure la generosa documentazione online.

Dopo ogni modifica al file *squid.conf* non serve riavviare il servizio (cosa che porta via un po' di tempo), ma basta far rileggere a Squid le impostazioni in questo modo:

```
sudo squid3 -k reconfigure
```

Autenticazione NTLM (ntlm_auth)

Vediamo anche una alternativa molto interessante a quanto visto prima. Questa è un tipo di autenticazione molto simile alla precedente, ma con la importante differenza che **usa l'autenticazione di dominio Microsoft**: il browser dell'utente (che sia IE o Firefox o Chrome dalla versione 6) usa automaticamente l'utente e la password con cui è stato fatto l'accesso al Dominio Samba, senza richiederla nuovamente come succede con *ldap_auth*.

Anche con questo metodo possiamo creare un gruppo Samba "Internet" i cui utenti potranno navigare in modo completamente trasparente.

Vediamo cosa succederà, infatti, ad un ipotetico utente "user1" :

1. l'utente "user1" esiste sul dominio e fa parte del gruppo "Internet". "user1" ha accesso a internet con il suo browser attraverso il proxy in modo trasparente.
2. L'utente "user1" esiste sul dominio ma non fa parte del gruppo "Internet". "user1" riceve un messaggio di errore nel browser e non ha accesso a internet.
3. L'utente "user1" **non esiste sul dominio**. Il browser mostra una finestra di richiesta per utente e password. Se viene usata una coppia utente/password valida e facente parte del gruppo "Internet", la navigazione viene permessa.

Dunque abilitare un utente della nostra rete alla navigazione sarà anche qui molto semplice, basterà renderlo membro del gruppo stabilito. Anche il punto 3 è importante: se riceviamo "ospiti" nella nostra rete, per permettere loro di navigare basterà fornire loro una coppia utente e password di comodo creata per l'occasione. Anche se questa finisse in mano ad altri utenti del nostro dominio, per quanto detto al punto 2 non avrebbero comunque la possibilità di usarla.

Purtroppo, come detto sopra, il suo funzionamento ci impone di avere macchine separate su cui far girare il proxy e il domain controller precludendoci, in questo caso, il suo utilizzo.

Ma se il Domain Controller Samba è esterno? Se magari è addirittura un server Windows con Active Directory?
In entrambi i casi possiamo utilizzare questo "helper", analizziamone uno per volta.

Installare Samba

In ambedue i casi supponiamo di avere un Proxy Server chiamato sb-sproxy su cui abbiamo installato Squid3. Dobbiamo aggiungere anche *samba* e *winbind*:

```
sudo apt-get install samba winbind
```

Non c'è bisogno di alcuna configurazione per *winbind*.

Domain Controller Samba

La configurazione, invece, è leggermente diversa.

Configurare Samba

Configuriamo Samba e facciamo *la join al dominio*. Ecco il file di configurazione, non servono condivisioni, basta la sezione *[global]*.

```
sudo nano /etc/samba/smb.conf
```

Mettiamoci questo:

```
[global]
        unix charset = LOCALE
        workgroup = STENOIT
        netbios name = SBSPROXY
        server string = %h Member (%v)
        interfaces = eth1, lo
        bind interfaces only = Yes
        enable privileges = yes
        guest account = guest
        wins support = No
        security = domain
        ldap suffix = dc=stenoit,dc=com
        ldap user suffix = ou=Users
        ldap machine suffix = ou=Computers
        ldap group suffix = ou=Groups
        ldap idmap suffix = ou=Idmap
        ldap admin dn = cn=admin,dc=stenoit,dc=com
        idmap backend = ldap:ldap://sbs.stenoit.com
        idmap uid = 10000-20000
        idmap gid = 10000-20000
        winbind use default domain = yes
        ldap ssl = no
```

E' molto simile a quello del Domain Controller, ma con importanti differenze, prima fra tutte il parametro "*security*" che in questo caso indica una macchina "membro" del dominio STENOIT. Il parametro "*interfaces*" deve essere aggiustato secondo esigenza.

Facciamo ora la join al dominio come visto nel capitolo 8.

```
sudo net rpc join -S SBS -U administrator
```

dopo aver digitato la password dovremmo vedere il messaggio:

```
Joined domain STENOIT.
```

Ora sarà possibile poter usare le utility di *winbind* ed ottenere la lista utenti:

```
wbinfo -u
```

oppure la lista dei gruppi :

```
wbinfo -g
```

Squid

Per quanto riguarda la configurazione di Squid dobbiamo cambiare l'*helper ldap* con quello *ntlm*, sostituendo le 3 righe :

```
auth_param basic program /usr/lib/squid3/squid_ldap_auth \
            -b "ou=Users,dc=stenoit,dc=com" \
            -v3 -f "uid=%s" -h localhost
auth_param basic children 5
auth_param basic credentialsttl 30 minutes
```

con:

```
auth_param ntlm program /usr/bin/ntlm_auth \
            --helper-protocol=squid-2.5-ntlmssp
authenticate_ip_ttl 9 hour
auth_param ntlm children 20
```

e assegnare al gruppo *winbindd_priv* l'utente *proxy* :

```
sudo gpasswd -a proxy winbindd_priv
```

Per il resto possiamo lasciare tutto come prima, il principio di funzionamento non cambia.

Domain Controller Windows Active Directory

Ora vediamo, in alternativa, come configurare il sistema se devo sfruttare l'autenticazione del server Windows ADS.

Configurare Samba

Abbiamo già visto come fare, di tratta di un Server Membro, quindi le operazioni da fare le abbiamo già imparate nel capitolo 4 dove si affrontava l'autenticazione con un server LDAP esterno. Dobbiamo scartare, però, l'opzione *Likewise-Open* e usare il canonico e rodato trio composto da *Kerberos+Samba+Winbind*.

Se abbiamo eseguito correttamente la configurazione e la join al dominio ADS sarà possibile poter usare le utility di *winbind* ed ottenere la lista utenti:

```
wbinfo -u
```

oppure la lista dei gruppi :

```
wbinfo -g
```

Squid

Per quanto riguarda la configurazione di Squid dobbiamo apportare
due variazioni.

La prima è identica a quella che abbiamo visto poco sopra, e cioè dobbiamo cambiare l'*helper ldap* con quello *ntlm*, sostituendo le 3 righe :

```
auth_param basic program /usr/lib/squid3/squid_ldap_auth \
               -b "ou=Users,dc=stenoit,dc=com" \
               -v3 -f "uid=%s" -h localhost
auth_param basic children 5
auth_param basic credentialsttl 30 minutes
```

con:

```
auth_param ntlm program /usr/bin/ntlm_auth \
               --helper-protocol=squid-2.5-ntlmssp
authenticate_ip_ttl 9 hour
auth_param ntlm children 20
```

La Seconda modifica da apportare è la variazione del programma di
ausilio invocato attraverso la direttiva, *external_acl_type* che diventa
così:

```
external_acl_type win_group protocol=2.5
               %LOGIN /usr/lib/squid3/wbinfo_group.pl
```

(ricordo ancora una volta che quanto scritto deve essere su una unica
riga) e la sua ACL così:

```
acl internetfull external win_group internet
```

Anche qui ricordiamoci di assegnare al gruppo *winbindd_priv* l'utente
proxy :

```
sudo gpasswd -a proxy winbindd_priv
```

Per il resto possiamo lasciare tutto come prima, il principio di funzionamento non cambia.

Script di test

Winbind mantiene una cache locale di utenti e gruppi di dominio. Se abbiamo bisogno che la modifica apportata alla lista dei membri del gruppo internet venga recepita immediatamente dobbiamo eliminare la cache e riavviare il servizio. Per semplificare il processo possiamo realizzare un piccolo script bash *"internetuser"* che compie queste azioni e in più, utilizzando lo stesso programma di ausilio della *external acl (wbinfo_group.pl)*, controllare che l'utente indicato sia effettivamente membro del gruppo.

```
sudo nano /usr/bin/internetuser
```

Scriviamoci dentro quanto segue:

```
# internetuser
# Clear winbind cache e mostra se l'utente è
# membro del gruppo ADS

if [ $# = 0 ]
 then
    echo "uso: internetuser <username>"
    exit;
 else
    /etc/init.d/winbind stop
    rm /var/cache/samba/netsamlogon_cache.tdb
    /etc/init.d/winbind start
    echo "$1 internet" | /usr/lib/squid3/wbinfo_group.pl -d
fi;
```

Ricordiamoci di rendere eseguibile lo script:

```
sudo chmod +x /usr/bin/internetuser
```

Test funzionamento

Mettiamo tutto alla prova creando il gruppo "internet" e aggiungendo come membro l'utente user1. Nel caso il Domain Controller sia Samba facciamo così:

```
sudo netgroupadd internet
```

assegnamo l'utente di prova "user1" al gruppo:

```
sudo netgroupmod -a user1 internet
```

Altrimenti usiamo i tools Micorsoft e sul Proxy Server controlliamo/abilitiamo le modifiche immediatamente con lo script creato prima:

```
sudo internetuser user1
```

che dovrebbe ritornare alla fine un risultato del tipo:

```
Sending OK to squid
OK
```

se è andato a buon fine oppure:

```
Sending ERR to squid
ERR
```

in caso contrario.

Rimuoviamo il NAT dalla configurazione del Firewall:

```
sudo nano /etc/shorewall/masq
```

commentando la riga:

```
#INTERFACE SOURCE ADDRESS
#eth0      eth1
```

così siamo sicuri che non sia possibile accedere ad internet se non attraverso il nostro proxy.

Facciamo rileggere la configurazione a Squid3.

```
sudo squid3 -k reconfigure
```

Ora impostiamo nel browser Firefox o Internet Explorer dell'utente *user1* il proxy *sbs.stenoit.com* porta *3128* e controlliamo se funziona tutto a dovere.

Transparent Proxy

Come abbiamo già detto la funzione del *Transparent Proxy* è quella di intercettare ogni richiesta (ad esempio HTTP) proveniente dalle workstation degli utenti, per poi ridirigerla al nostro Proxy Squid affinché svolga tutte le funzioni del caso (semplice content filtering piuttosto che caching). Attenzione però: la funzionalità di intercettare il traffico appartiene al Firewall, Squid assolve esclusivamente i compiti di proxy.

La forzatura a utilizzare il proxy lato client è trasparente per l'utente; l'amministratore è relativamente certo di controllare il traffico HTTP per tutte le workstation che gestisce.

Prima di scegliere una soluzione di questo tipo, però, bisogna conoscerne una importante limitazione: usando il Transparent Proxy **non possiamo usare alcuna forma di autenticazione** vista in precedenza.

Ciononostante vediamo lo stesso come realizzarlo, nella nostra piccola installazione abbiamo il Proxy e il Firewall sulla stessa macchina, quindi la configurazione risulta abbastanza semplice:

Editiamo il file di configurazione di Shorewall:

```
sudo nano /etc/shorewall/rules
```

e aggiungiamo quanto segue:

#ACTION	SOURCE	DEST	PROTO	DEST	SOURCE	ORIGINAL
#				PORT(S)	PORT(S)	DEST
REDIRECT	loc	3128	tcp	www	-	!192.168.30.0/24

Simile per concetto a quanto già visto nel capitolo 9 riguardante il traffi-co SMTP. A scopo di esempio abbiamo anche definito che non voglia-mo passino attraverso il Proxy le richieste verso la rete 192.168.30.x.

Non dimentichiamoci di:

```
sudo shorewall restart
```

per attivare la nuova impostazione.

WPAD protocol

Il *Transparent Proxy* non ci permette di raggiungere lo scopo prefissa-to. Dobbiamo usare un metodo alternativo per autoconfigurare i clients e nello stesso tempo poter usare l'autenticazione.

I protocollo **WPAD** (*Web Proxy Autodiscovery Protocol*) elaborato da un gruppo di produttori software (Inktomi, Microsoft, RealNetworks, Sun Microsystems), è nato proprio per questo, ossia per consentire la massi-ma trasparenza all'utente finale per la configurazione del proprio brow-ser, continuando a sfruttare le proprietà della configurazione e localizza-zione automatica del server web depositario dello script relativo entro il dominio di appartenenza del client.

Il principio è molto semplice: il browser che implementa tale protocollo inizia la sua indagine andando ad interrogare il proprio DNS alla ricerca, nel nostro caso, del nome *wpad.stenoit.com*. Trovato (se esiste) un re-cord che corrisponde a tale nome, il browser carica come file di auto-configurazione quello corrispondente al seguente URL:

```
http://wpad.stenoit.com/wpad.dat
```

Una volta creato questo file e messo nella root del nostro web server, il browser eseguirà le direttive Javascript in esso contenute che, nel no-stro caso, configurerà il browser perché usi il nostro Proxy. Ma vediamo con calma i passi da seguire.

Configurazione DNS

Iniziamo con il creare l'alias sul DNS. Nel caso di *dnsmasq* basta fare questo:

```
sudo nano /etc/dnshosts
```

aggiungendo *wpad*.

```
192.168.20.1 sbs mail wpad stenoit.com
```

In seguito ricordiamoci di riavviare il servizio:

```
sudo /etc/init.d/dnsmasq restart
```

Se stiamo usando *bind & dhcpd*, invece, possiamo usare *dnsedit*. Maggiori informazioni le possiamo trovare nel capitolo 5.

Creazione wpad.dat

Creiamo il file javascript necessario ai browser per l'autoconfigurazione:

```
sudo nano /var/www/wpad.dat
```

e scriviamoci quanto segue:

```
function FindProxyForURL( url, host )
  {
  if (dnsDomainIs( host, "www.stenoit.com" ))
    return "PROXY sbs.stenoit.com:3128; " + "DIRECT";
  if( isPlainHostName( host ) ||               // senza dominio
      dnsDomainIs( host, "stenoit.com" ) ||    // dominio locale
      shExpMatch( url, "https*" ) ||           // secure protocols
      shExpMatch( url, "snews*" ) )
    return "DIRECT";
  else
    return "PROXY sbs.stenoit.com:3128; " + "DIRECT";
  }
```

Nel caso il browser del client richieda un indirizzo interno (cioè non specifica il nome del dominio) oppure il dominio sia "stenoit.com", oppure ancora vengano richieste url di tipo sicuro (https), *wpad.dat* configura il browser per l'accesso diretto senza passare dal proxy (DIRECT), altrimenti configura il browser con "sbs.stenoit.com:3128" affinché venga usato.

Abbiamo introdotto, a scopo di esempio, un caso particolare, e cioè un web server aziendale (www.stenoit.com) non interno alla nostra rete ma in hosting dal nostro provider. In questo caso sebbene il dominio sia *stenoit.com* vogliamo che il browser ne faccia richiesta al nostro proxy.

Browser

Ora non ci resta che configurare il browser degli utenti affinché usino la configurazione automatica del proxy. Probabilmente dovremmo farlo a mano accedendo alle impostazioni di rete degli stessi selezionando:

```
"Rileva automaticamente impostazioni del Proxy per questa rete"
```

Controllo del traffico con il firewall

Con il Proxy in funzione potremmo voler lasciare disabilitato il NAT, obbligando così tutti gli utenti a passare attraverso Squid e la nostra autenticazione.

Tuttavia Squid non gestisce tutti i protocolli e alcuni software a noi necessari potrebbero richiedere, per funzionare correttamente, un accesso diretto a Internet.

Vediamo qui, usando Shorewall, tre semplici esempi da usare come traccia per risolvere questo problema senza dover fornire ai nostri utenti un accesso incondizionato alla Grande Rete.

Innanzitutto riabilitiamo il NAT:

```
sudo nano /etc/shorewall/masq
```

togliendo il commentando dalla seconda riga:

```
#INTERFACE SOURCE ADDRESS
eth0 eth1
```

Ora di nuovo tutti possono accedere a internet in modo incondizionato.

Abilitare manualmente i protocolli

Possiamo istruire Shorewall in modo che solo determinati protocolli siano abilitati ad attraversare il firewall. Nel capitolo 6 abbiamo specificato questa regola nel file */etc/shorewall/policy*:

```
#SOURCE DEST POLICY LOG LEVEL LIMIT:BURST
loc    net  ACCEPT
```

con cui permettiamo tutto il traffico tra la rete interna (*loc*) e internet (*net*). Disabilitando questa regola dobbiamo poi **gestire ogni singolo protocollo manualmente** in */etc/shorewall/rules*. Ad esempio:

In */etc/shorewall/policy* disabilitiamo il traffico che attraversa il firewall e salviamo nel file di log i tentativi di accesso (*info*):

```
loc    net    REJECT    info
```

Se ora tentiamo di navigare con il browser su internet senza proxy, nel file di log, visualizzabile con il comando:

```
shorewall show log
```

vedremo qualcosa del genere:

```
loc2net:REJECT:IN=eth1 OUT=eth0 SRC=192.168.20.10 DST=65.55.21.250 LEN=48
```

Che ci indica un tentativo di violazione della regola "*loc2net*" da parte dell'host con IP 192.168.20.10.

Ora abilitando il traffico HTTP in */etc/shorewall/rules* in questo modo :

```
HTTP/ACCEPT    loc       net
```

permettiamo nuovamente agli host di navigare liberamente, dal momento che quanto indicato in */etc/shorewall/rules* sovrascrive le policy di default di */etc/shorewall/policy*. Nello stesso modo, poi, dovremo abilitare ogni singolo protocollo:

```
FTP/ACCEPT     loc       net
POP3/ACCEPT    loc       net
IMAP/ACCEPT    loc       net
```

elencando tutti quelli ammessi. Questo è l'approccio migliore, ma necessita di maggior tempo e impegno in quanto dobbiamo conoscere le necessità degli utenti e con l'aiuto del file di log individuare e risolvere i problemi che insorgono.

In alternativa potremmo operare in modo inverso, lasciando, cioè, abilitato tutto il traffico e disabilitando solo i protocolli che non desideriamo vengano usati. In questo caso il file */etc/shorewall/policy* rimane inalterato permettendo tutto il traffico, poi, in */etc/shorewall/rules,* disabilitiamo i protocolli non ammessi. Ad esempio, se vogliamo negare solo la navigazione internet:

```
HTTP/REJECT    loc       net
```

Ora i PC della rete potranno usare, ad esempio, FTP ma non riusciranno a navigare su Internet se non attraverso l'autenticazione fornita dal Proxy.

Abilitare solo determinati host

Dopo aver bloccato il traffico HTTP per costringere i nostri utenti ad usare il Proxy, supponiamo ora ci si presenti la necessità di abilitare solo qualche determinato host. Per far questo editiamo nuovamente il file */etc/shorewall/rules* e aggiungiamo la riga evidenziata (ricordiamoci che le regole vengono interpretate nell'ordine in cui sono scritte):

```
HTTP/ACCEPT    loc:192.168.20.10    net
HTTP/REJECT    loc                  net
```

Ora l'host con indirizzo 192.168.20.10 riuscirà ad accedere al web direttamente senza il Proxy. Se abbiamo più host da abilitare possiamo creare una variabile che contiene la lista degli indirizzi anziché elencarli tutti nel file delle rules. Creiamo il file:

```
sudo nano /etc/shorewall/params
```

che Shorewall leggerà durante l'avvio, scrivendoci questo:

```
ALLOW_IP=192.168.20.10,192.168.20.11,192.168.20.12
```

Successivamente modifichiamo nuovamente il file */etc/shorewall/rules* mettendo la variabile al posto dell'indirizzo IP:

```
HTTP/ACCEPT   loc:$ALLOW_IP            net
HTTP/REJECT   loc                      net
```

Questa tecnica presuppone di conoscere a priori l'indirizzo IP dell'host che vogliamo abilitare, ma essendo noi in un ambiente in cui gli stessi vengono assegnati in modo dinamico dal DHCP, potrebbe accadere che l'indirizzo dell'host cambi dopo un determinato periodo di tempo.

La soluzione ideale sarebbe quella di indicare il nome dell'host piuttosto che il suo IP, ma purtroppo Shorewall non accetta un sintassi di questo tipo:

```
HTTP/ACCEPT   loc:wks01               net
```

Tuttavia possiamo parzialmente scavalcare il problema creando un piccolo script in bash che valorizza dinamicamente una variabile nel file */etc/shorewall/params* visto prima.

Innanzitutto creiamo un file con la lista degli host da abilitare:

```
sudo nano /etc/shorewall/allow_host
```

scrivendo i nomi uno per riga:

```
wks01
wks02
wks03
```

Ora creiamo lo script:

```
sudo nano /usr/bin/host_ip
```

scrivendoci questo:

```
#!/bin/bash
 first=1;
 for host in $(cat /etc/shorewall/allow_host); do
    IP="`host $host | head -n1 | cut -d" " -f4`";
    if [ $first = 1 ]; then
       allow="$allow$IP";
       first=0;
    else
       allow="$allow,$IP";
    fi
```

```
done;
echo $allow;
```

e ricordandoci di renderlo eseguibile:

```
sudo chmod +x /usr/bin/host_ip
```

Grazie al DNS eseguendo lo script otterremo la lista degli indirizzi IP degli host specificati nel file di configurazione /etc/shorewall/allow_host :

```
192.168.20.40,192.168.20.41,192.168.20.42
```

Apriamo nuovamente nell'editor il file /etc/shorewall/params, aggiungendo la riga evidenziata:

```
ALLOW_IP=192.168.20.10,192.168.20.11,192.168.20.12
ALLOW_HOST="`/usr/bin/host_ip`"
```

Per completare il lavoro modifichiamo nuovamente /etc/shorewall/rules:

```
HTTP/ACCEPT   loc:$ALLOW_IP        net
HTTP/ACCEPT   loc:$ALLOW_HOST      net
HTTP/REJECT   loc                  net
```

Al successivo riavvio Shorewall, valutando il file *params* per la lista delle variabili, eseguirà implicitamente anche lo script che abbiamo creato valorizzando la variabile $ALLOW_HOST con gli indirizzi IP degli host listati nel file di configurazione. In questo modo da ora in avanti per abilitare un preciso host basterà inserire il suo nome nel file e riavviare il servizio. Attenzione però, non c'è nulla di dinamico. Qualora l'indirizzo di un host abilitato cambiasse, per far recepire al firewall il cambiamento saremo sempre e comunque costretti a riavviare Shorewall.

Abilitare solo determinate destinazioni

L'ultimo caso che analizziamo è la possibilità di permettere agli utenti di accedere a particolari siti. Questa tecnica risulta utile se vogliamo permettere loro di accedere agli aggiornamenti automatici di un software che non supporta l'uso del Proxy, oppure nel caso in cui vogliamo indistintamente permettere a tutti l'aggiornamento, ad esempio, dell'antivirus installato sui loro desktop.

Dobbiamo nuovamente modificare il file /etc/shorewall/rules aggiungendo (sempre **prima** di HTTP/REJECT) :

```
HTTP/ACCEPT   loc            net:update.mysoftware.org
HTTP/REJECT   loc            net
```

dove "*update.mysoftware.net*" è, ovviamente, l'indirizzo web del sito da abilitare.

In modo simile a prima possiamo anche utilizzare una variabile creata nel file */etc/shorewall/params,* ad esempio nel caso volessi inserire una lista di destinazioni è sufficiente inserire nel file:

```
ALLOW_DEST=update.mysoftware.net,update.myantivirus.com
```

e modificare */etc/shorewall/rules*:

```
HTTP/ACCEPT  loc           net:$ALLOW_DEST
HTTP/REJECT  loc           net
```

Conclusioni

Abbiamo visto dunque come sia possibile filtrare e condizionare il traffico web in uscita dalla nostra rete, sia attraverso un Proxy Cache come Squid che direttamente tramite il firewall gestito da Shorewall.

Esiste una profonda differenza pratica tra le due soluzioni. Squid opera un controllo a *livello utente*: significa che qualunque sia l'host da cui, ad esempio, *"user1"* si connetta, le ACL di Squid vengono rispettate. Shorewall, invece, opera un controllo a *livello host/IP* con la conseguenza che abilitando un protocollo o servizio ad un particolare host a beneficiarne sarà qualunque utente si connetta dallo stesso.

Con un po' di applicazione e studio possiamo estendere i concetti e le tecniche apprese in questo capitolo ad altri protocolli e servizi al fine di fornire ai nostri utenti un ambiente sicuro ed efficiente.

Facciamo attenzione comunque a valutarne volta per volta la complessità: potrebbe essere un boomerang causando più costi che benefici in termini di facilità di gestione.

11

Time Server

Continuiamo con una cosa semplice e utile in un SBS: la sincronizzazione di data e ora nel dominio.

Il *Network Time Protocol*, in sigla NTP, è un protocollo client-server per sincronizzare gli orologi dei computer all'interno di una rete. E' supportato praticamente da tutti i più diffusi sistemi operativi (Windows 9x ha bisogno di un client a parte) e quindi è una ottima soluzione.

Come per la soluzione DNS (con *dnsmasq*) scegliamo un pacchetto semplice ed alternativo al più diffuso NTPD e facciamo sincronizzare data e ora su tutti i clients del dominio.

OpenNTPD

OpenNTPD è una libera, facile da configurare e usare, implementazione del *Network Time Protocol*. Permette sia di sincronizzare l'orologio locale con un server NTP, sia di agire esso stesso come tale ridistribuendo l'orario locale.

Installazione

Abbiamo bisogno di un unico pacchetto:

```
sudo apt-get install openntpd
```

Configurazione e Avvio

Per configurare OpenNTPD editiamo il suo file di configurazione.

```
sudo nano /etc/openntpd/ntpd.conf
```

Impostiamo il server con cui il nostro SBS si sincronizza. Possiamo lasciare quelli di default oppure usarne uno italiano commentando gli altri:

```
#server 0.debian.pool.ntp.org
#server 1.debian.pool.ntp.org
#server 2.debian.pool.ntp.org
#server 3.debian.pool.ntp.org

server ntp1.inrim.it
```

Successivamente impostiamo l'interfaccia di rete in cui il server rimane in ascolto per le richieste degli utenti del nostro dominio:

```
listen on 192.168.20.1
```

Non ci resta che riavviare il servizio:

```
sudo /etc/init.d/openntpd restart
```

Se ce ne fosse bisogno aggiungiamo le regole al nostro firewall, ricordando che la porta del servizio NTP è la 123.

```
sudo nano /etc/shorewall/rules
```

la direttiva è:

```
NTP/ACCEPT          loc     $FW
```

Sincronizzazione dei clients

Ora che il nostro server ha data e ora sincronizzata con il mondo intero, vediamo come configurare i desktop Windows del dominio STENOIT affinché ne beneficino.

Esistono due modi: utilizzando il client NTP di Windows che troviamo nel pannello di controllo, oppure con una piccola modifica al nostro script di logon. Nel primo caso dobbiamo configurare ad uno ad uno tutti i PC della rete, nel secondo basta una modifica che è possibile effettuare direttamente dalla console del server.

In realtà nel caso si opti per la seconda soluzione, se abbiamo seguito correttamente il capitolo 8, ci accorgiamo di averlo già fatto nel momento in cui abbiamo creato lo script perl responsabile della generazione degli script di logon personalizzati degli utenti. Controlliamo comunque che ciò sia vero:

```
sudo nano /etc/samba/logon.pl
```

dovremmo vedere che abbiamo inserito il comando:

```
# Sincronizza orario con il server
print LOGON "NET TIME \\\\SBS /SET /YES\r\n";
```

che fa sincronizzare ai clients l'orario con il server usando *NET TIME* che ha il vantaggio, se ce ne fosse bisogno, di funzionare anche con il vetusto Windows della serie 95 e 98.

12

Snapshot Backup

Credo che una delle frasi più banali che si possa sentire in informatica sia quella che recita: **"il salvataggio dei dati è cosa fondamentale"**. Eppure, nonostante ciò, incredibilmente capita ancora di trovare persone convinte dell'invincibilità dei loro computer o altre che si nascondono dietro a frasi tipo "non ho tempo" o cose del genere. E pensare che al giorno d'oggi questo atteggiamento è ancor più ingiustificato che in passato dato che esistono supporti estremamente economici e veloci su cui salvare i nostri dati.

Quindi non possiamo ignorare nel modo più assoluto questo capitolo, in cui adotteremo la tecnica di *Snapshot Backup*, veloce, economica, ed originale.

Il backup, infatti, può essere fatto in innumerevoli modi, anziché parlare di *copia di backup* si dovrebbe sempre dire *strategia di backup*. La semplice copia dei dati su un altro supporto oltre che ad essere insufficiente si può rivelare anche *inefficiente* dal punto di vista dei costi e della sicurezza sia per quel che riguarda il tempo speso per farlo che per il tipo di supporto scelto.

Prima di iniziare vediamo cosa andremo a realizzare e un po' di teoria su come funziona tecnicamente la soluzione proposta.

Tipi di backup

Adottare una strategia di backup significa scegliere la frequenza degli stessi e una delle tre metodologie di salvataggio dei dati: *completo, differenziale* ed *incrementale*.

Completo

Credo sia facile intuire cosa si intenda con completo: consiste nel creare copie di salvataggio di tutti i file contenuti nelle cartelle specificate. Se si esegue periodicamente l'operazione di backup, tale scelta può risultare estremamente inadatta, vuoi per il tempo richiesto per portarla a termine, vuoi per l'inutile ridondanza di informazioni. Ogni volta che facciamo il backup *copiamo tutto* e quindi ci accorgiamo che molte informazioni presenti nel nuovo archivio di backup appena creato, non avendo subito variazioni, sono assolutamente identiche a quelle salvate la volta precedente: abbiamo sprecato tempo e spazio sul supporto di memorizzazione.

Differenziale

Nel caso del backup *differenziale*, invece, il programma si prende cura di verificare se i file che devono essere nuovamente archiviati siano stati modificati dopo l'ultimo backup completo. Il vantaggio principale consiste quindi nella drastica diminuzione dei tempi richiesti per le operazioni di salvataggio.

Incrementale

Il backup *incrementale* risulta indicato nella maggior parte delle situazioni. In questo caso viene creata una copia di sicurezza di tutti e soli quei file che sono stati aggiunti o modificati dopo l'ultimo backup (completo o meno). Il tempo che è possibile risparmiare durante la fase di backup è ancora maggiore rispetto alla soluzione differenziale anche se quest'ultima è molto più rapida qualora si voglia ripristinare un archivio di backup.

Rotating Snapshots

Che soluzione adotteremo noi ? Nessuna di quelle menzionate, anche se obiettivamente, almeno in parte, ne riunisce i concetti. Useremo la tecnica del **rotating snaphshots**, efficiente, veloce e relativamente facile da implementare.

Gli *Snapshot Backups* sono una caratteristica di molti file server di alto livello: creano l'illusione di multipli *backup completi* senza occuparne lo spazio e senza impegnarne il tempo per eseguirli. Usando solo le **utility standard di linux + rsync** è possibile avere diversi snapshot orari, giornalieri, settimanali e mensili con una efficienza *di poco superiore a 2X*: cioè poco più (in media) del doppio dello spazio occupato dai dati. Abbiamo 10GB da salvare ? Il nostro backup occupando poco più di 20GB ci permetterà di risalire anche alla versione di un file di 6 mesi prima!

Ad onor di cronaca aggiungo che questo metodo non è altrettanto efficace di certe tecnologie proprietarie e costose, le quali, utilizzando file system speciali, raggiungono anche efficienze di poco superiori a 1X. Comunque la nostra soluzione rappresenta un ottimo compromesso e soprattutto completamente gratuito dal punto di vista software.

Supporti

Useremo hard disk esterni USB, supporti economici ed estremamente comodi: velocità sia nel backup che, sopratutto, nel restore. Procuriamocene un paio da intervallare nel backup.

*N.B. nel server abbiamo usato ext3, ext4 o xfs con ACL estese come file system, il disco di backup deve usare lo stesso formato (o anche semplicemente ext2 dal momento che il journaling non ci serve), così possiamo copiare correttamente anche i permessi su file e directory. In modo assoluto **non possiamo usare supporti formattati NTFS** di Microsoft.*

Frequenza

Nel nostro esempio semplifichiamo al massimo: facciamo 3 backup giornalieri (dal lunedì al venerdì a giorni alterni) e 4 backup settimanali (il sabato). Una soluzione di questo tipo ci permette di risalire ad una specifica versione di file a giorni alterni per una settimana, e per due settimane a intervalli di una. Vedremo, comunque, che questa cosa può essere modificata con facilità.

In un caso reale meglio optare perlomeno per 6 salvataggi giornalieri e 4 settimanali alternando almeno un paio di supporti fisici: in questo modo ho due settimane "piene" di salvataggi giornalieri e due mesi di settimanali.

Vediamo ora di capire come funziona e su cosa si basa la tecnica di snapshot: sono più o meno gli stessi principi su cui si basa *TimeMachine* che Apple fornisce con il suo OSX o *FlyBack* disponibile per Linux. Comprendendo la teoria ci sarà più facile gestire il processo di backup in caso di noie e, sopratutto, il restore dei dati.

Soft Link & Hard Link

Per iniziare dobbiamo partire da due concetti tipici dei file system Linux (e non solo) come i *Soft Links* (o *symbolic links*) e gli *Hard Links*. Che differenza c'è tra i due ?

Soft Link

Normalmente la situazione è questa che vediamo in figura 1:

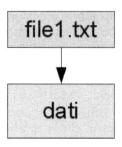

Fig. 1

Dove *"file1.txt"* è il nome assegnato alla zona *"dati"*. Ora creiamo un *soft link / symbolic link* al file *file1.txt* con il comando :

```
ln -s file1.txt file2.txt
```

Cosa è successo ? Lo possiamo schematizzare con la *figura 2*:

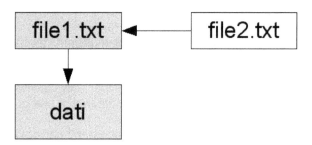

Fig. 2

Abbiamo, in pratica, creato una sorta di *alias* di *file1.txt* chiamato *file2.txt*. In effetti ora possiamo accedere ad entrambi i "nome file" con il medesimo risultato, o quasi. Il quasi è riferito alla cancellazione.

Infatti, cosa succede se eliminiamo *file2.txt*?

```
rm file2.txt
```

Ai dati nulla, *file1.txt* continua a esistere, ho solo eliminato il link appena creato. Ma se invece eliminiamo *file1.txt*:

```
rm file1.txt
```

il discorso cambia radicalmente: *file2.txt* diventa "orfano" non puntando più a nulla e i *dati* vengono eliminati dal file system.

Hard Link

Ora veniamo al secondo punto. Cambiamo leggermente il comando *ln* togliendo il flag -s:

```
ln file1.txt file2.txt
```

in questo caso potremmo pensare di aver *creato un hard link chiamato "file2.txt" al file "file1.txt"*, cosa concettualmente non propriamente vera. Dopo il comando *ln* la situazione è questa:

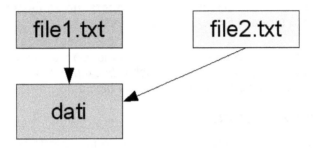

Fig. 3

cioè *abbiamo creato un hard link ai **dati** puntati da "file1.txt"*. Può sembrare una sottigliezza linguistica, ma non è così, il concetto è totalmente diverso e lo possiamo capire vedendo cosa succede cancellando *file1.txt* :

```
rm file1.txt
```

in questo caso *file2.txt continua ad esistere e i dati rimangono sul file system, accessibili mediante file2.txt*. Così:

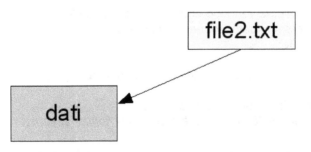

Fig. 4

Diamo ancora una occhiata alle figure: ma cos'è allora *file1.txt* ? Dovremmo aver intuito che altro non è che un *hard link ai dati* esso stesso, creato, diciamo, automaticamente nel momento il cui è stato generato il file (o meglio i dati del file). Ogni cosa, ad eccezione dei soft link e delle directory, sono in effetti *hard link,* è il *modus operandi* di un file system moderno.

Tra gli *hard link* non esiste alcun rapporto gerarchico, *file1.txt, file2.txt* e tutti i possibili altri che puntano ai medesimi dati hanno la stessa importanza, i dati a cui si riferiscono **continueranno ad esistere fintanto che ci sarà un** *hard link* **che punta ad essi**.

In questa frase in grassetto, come vedremo, c'è tutto il principio di funzionamento su cui si base la *snapshot backup* e ora vedremo come sfruttare questa caratteristica a nostro vantaggio.

Strategia di esempio

Proseguiamo nel nostro esempio vedendo in concreto come funziona la tecnica di backup proposta, usando semplicemente *cp e mv,* comandi basilari presenti in qualunque distribuzione Linux, e *rsync,* sviluppato dai creatori di Samba e facilmente reperibile se non addirittura installato di default.

Adottiamo dunque la seguente strategia:

- ✔ 3 snapshots giornalieri (daily.0 daily.1 daily.2)
- ✔ 2 snapshots settimanali (weekly.0 weekly.1)

I *daily snapshots* vengono creati il lunedì, mercoledì e venerdì, i *weekly snapshots* il sabato. Ribadisco che è un esempio, poi faremo qualcosa di meglio.

Definiamo anche sorgente e destinazione dei backup:

- ✔ i nostri dati sono in */samba/share*
- ✔ la nostra unità di backup è montata in */mnt/snapshots*

Non facciamo troppo caso ora alla precisione dei comandi, poi utilizzeremo degli strumenti adatti che semplificano il processo.

Possiamo iniziare.

daily snapshots

Lunedì

Il primo giorno non dobbiamo fare molto, */mnt/snapshots* è vuota e quindi dobbiamo copiare tutto quanto (ma sarà **l'unica volta**), possiamo usare *rsync*:

```
rsync -a --delete /samba/share /mnt/snapshots/daily.0
```

Il lunedì successivo la situazione sarà ben diversa come vedremo dopo. Ora, comunque, abbiamo questa situazione :

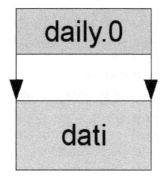

Fig. 5

Niente di strano.

Mercoledì

Il nostro backup più recente dovrà essere sempre in *daily.0*, quindi il secondo giorno iniziamo con un bel :

```
cp -al /mnt/snapshots/daily.0 /mnt/snapshots/daily.1
```

Usando *cp* con i flag *-al* l'operazione è velocissima: infatti non vengono copiati i dati, ma vengono solo *creati gli hard link di tutti i files presenti in daily.0 in daily.1* (ricordo che non è possibile creare un hard link di una directory). La situazione ora sarà questa:

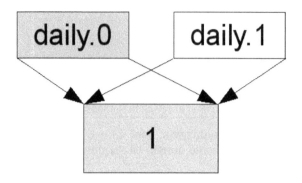

Fig. 6

Praticamente da entrambe le directory si accede agli stessi dati.

Ora eseguiamo di nuovo il nostro *rsync* su *daily.0*:

```
rsync -a --delete /samba/share /mnt/snapshots/daily.0
```

Cosa è successo? Supponiamo che il nostro backup fosse di 10GB e che tra lunedì e mercoledì, semplificando, siano variati 2GB di dati. Dopo questo *rsync* la situazione sarà questa:

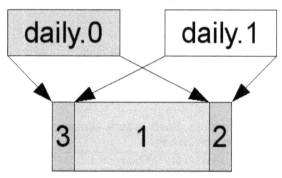

Fig. 7

daily.0 punterà ai file non variati (zona 1) più ai nuovi files (zona 3), *daily.1* alla zone "comune" (zona 1) più ai vecchi files che sono stati modificati (zona 2). *rsync* con il parametro *--delete* elimina dalla destinazione i files non più presenti nella sorgente, ma per la proprietà degli hard link (**i dati non vengono fisicamente rimossi fino a quando esiste**

un hard link riferito ad essi) in realtà rimangono dove sono in quanto puntati dagli hard link in *daily.1*.

Venerdì

Facciamo "spazio" al nuovo backup che viene sempre eseguito in *daily.0*, quindi "trasliamo" le directory, copiamo gli hard link ed eseguiamo *rsync* di nuovo :

```
mv /mnt/snapshot/daily.1 /mnt/snapshot/daily.2
cp -al /mnt/snapshots/daily.0 /mnt/snapshots/daily.1
rsync -a --delete /samba/share /mnt/snapshots/daily.0
```

Ora il quadro si è complicato ancora un po', tipo così:

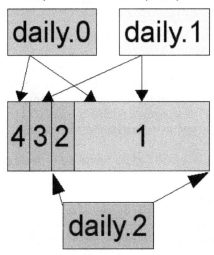

Fig. 8

Semplificando :

- ✔ daily.2 -> 1+2
- ✔ daily.1 -> 1+3
- ✔ daily.0 -> 1+4

Mi pare che il concetto oramai sia chiaro. Entrando nelle varie directory di salvataggio **ho l'illusione di avere a disposizione dei backup completi di tre giorni diversi**, ma, tornando al nostro esempio, lo spazio occupato **non è di 30GB ma di 10+2+2** supponendo che ogni due giorni il 10% dei dati risultino variati (percentuale che cala *statisticamente* all'aumentare della mole dei dati). Dunque già ora ho un **rispar-**

mio di oltre il 50% di occupazione disco, senza mettere in preventivo il consistente risparmio **di tempo** che questa tecnica porta nell'esecuzione del backup.

Secondo ciclo

Ma andiamo avanti, cosa succede quando ritorna lunedì? Abbiamo detto che ci bastano *tre snapshots* e quindi ci liberiamo del più vecchio, "trasliamo", copiamo/creiamo gli hard link e rieseguiamo rsync su *daily.0*:

```
rm -rf /mnt/snapshot/daily.2
mv /mnt/snapshot/daily.1 /mnt/snapshot/daily.2
cp -al /mnt/snapshots/daily.0 /mnt/snapshots/daily.1
rsync -a --delete /samba/share /mnt/snapshots/daily.0
```

Ma ora attenzione: cosa ha eliminato il comando *rm -rf /mnt/snapshot/daily.2* ?

Abbiamo visto che, (figura 8), *daily.2* contiene hard link che puntano alla "zona 1" e alla "zona 2". Eliminando la directory in realtà **solo gli hard link e i rispettivi dati della "zona 2" vengono eliminati** in quanto i dati della "zona 1" solo linkati anche da *daily.0* e *daily.1* e dunque non vengono rimossi (per la nota proprietà degli hard link che ho più volte ripetuto).

Da questo momento in avanti il ciclo ha preso il via e prosegue sempre in questo modo.

weekly snapshot

Non abbiamo finito. Abbiamo detto che vogliamo mantenere due salvataggi settimanali, *weekly.0* e *weekly.1* per risalire anche ai dati di un paio di settimane prima.

Sabato

Stessa cosa del *daily*, potremmo pensare, invece no. E' molto più semplice e rapido.

Abbiamo visto che dal secondo ciclo nel *daily* viene eliminato la snapshot più vecchia (*daily.2*), allora non basta metterci da parte questo prima che venga eliminato? Certo che sì, e basta un :

```
cp -al /mnt/snapshots/daily.2 /mnt/snapshots/weekly.0
```

operazione che dura pochissimo, ma che di fatto "congela" i dati più vecchi. Infatti a questo punto il comando *rm -rf /mnt/snapshot/daily.2* del lunedì successivo non eliminerà fisicamente nemmeno i dati della "zona 2" essendo ora linkati da *weekly.0*.

Il sabato successivo "trasliamo" *weekly.0* così:

```
mv /mnt/snapshots/weekly.0 /mnt/snapshots/weekly.1
cp -al /mnt/snapshots/daily.2 /mnt/snapshots/weekly.0
```

al sabato ancora successivo si entra nel ciclo infinito, che comprenderà anche l'eliminazione della *snapshot* settimanale più vecchia :

```
rm -rf /mnt/snapshot/weekly.1
mv /mnt/snapshots/weekly.0 /mnt/snapshots/weekly.1
cp -al /mnt/snapshots/daily.2 /mnt/snapshots/weekly.0
```

La *snapshot settimanale*, quindi, è estremamente rapido e non esegue nemmeno un *rsync* dalla sorgente: può anche essere tranquillamente schedulato in coda al *daily* del venerdì o immediatamente prima di quello del lunedì.

Ecco fatto. Velocità (solo un backup "completo", poi solo incrementale/differenziale), e semplicità usando comandi disponibili in qualsiasi distribuzione GNU/Linux.

TimeMachine sfrutta un meccanismo molto simile, reso più efficiente e veloce dal fatto che mentre il nostro *rsync* deve comunque leggere l'intero file system per trovare i file modificati, il prodotto di Apple usa le informazioni memorizzate sugli *inode* per scovare i file da copiare o eliminare, rendendo il processo ancora più rapido.

Installazione

Ora che disponiamo di solide basi teoriche sulla tecnica usata, non ci resta che metterla in pratica.

Anziché reinventare la ruota creando da noi degli script bash, utilizzeremo **rsnapshot**, una ottima utility scritta in perl proprio per questo fine.

Rsnapshot è nei repository standard di Ubuntu quindi per installarla basta un semplice:

```
sudo apt-get install rsnapshot
```

Configurazione

La configurazione di *rsnapshot* è abbastanza semplice. E' sufficiente modificare il file */etc/rsnapshot.conf* secondo esigenza. Il file è ben commentato e di facile comprensione dopo aver letto la prima parte di questo capitolo.

Ecco una configurazione che potrebbe andar bene per il nostro backup:

```
config_version   1.2
snapshot_root    /mnt/snapshots/
no_create_root   1

cmd_cp        /bin/cp
cmd_rm        /bin/rm
cmd_rsync     /usr/bin/rsync
cmd_logger    /usr/bin/logger

interval      daily   6
interval      weekly  4

verbose       3
loglevel      3
logfile       /var/log/rsnapshot.log

lockfile      /var/run/rsnapshot.pid

rsync_short_args   -Aarlv
rsync_long_args    --delete --numeric-ids —delete-excluded
link_dest          0

backup   /samba/apps/          sbs/apps
backup   /home/                sbs/home
backup   /samba/netlogon/      sbs/netlogon
backup   /samba/public/        sbs/public
```

Attenzione:
nel file /etc/rsnapshot.conf i parametri vanno separati con il TAB, non con uno spazio! Pena un messaggio di errore di rsnapshot.

Vediamo i parametri più importanti.

snapshot_root

Indica la directory dove viene creata la *snapshot*, che corrisponde a dove viene montata la nostra unità removibile.

no_create_root

Importante impostare a "1" questa direttiva, in quanto evita di eseguire la *snapshot* se non abbiamo preventivamente montato l'unità removibile.

interval

Definisce i tipi e la quantità di snapshot che vogliamo "ruotare". Sono possibili quattro livelli (ad esempio, hourly, daily, weekly e monthly). Nel

nostro caso ci limiteremo a 6 giornalieri e 4 settimanali. Il nome assegnato definisce anche il nome della cartella che verrà creata:

```
interval daily 6
```

creerà *daily.0*, *daily.1*, *daily.2*, *daily.3*, *daily.4* e *daily.5*.

rsync_short_args & rsync_long_args

Definiscono i parametri con cui viene eseguito *rsync*. Sono consultabili
con:

```
rsync --help
```

oppure sulla sua guida in linea.

link_dest

Ubuntu 10.04 viene fornito con *rsync 3.0.7* e quindi possiamo impostarlo a "1". Questo fa si che si velocizzi l'operazione di backup perché
permette, in pratica, di saltare il comando *cp -al* che crea gli hard link, in
quanto lo fa direttamente *rsync*.

backup

Come possiamo ben immaginare qui definiamo sorgente e destinazione del nostro backup. Ad esempio :

```
backup /samba/public/ sbs/public
```

creerà la snapshot di */samba/public* in */mnt/snapshots/daily.0/sbs/public*

Avvio della snapshot

Ora, dopo aver montato il nostro supporto removibile con ad esempio :

```
sudo mount -t ext2 /dev/sdb1 /mnt/snapshots
```

possiamo eseguire il backup (o schedularlo con *cron*):

```
sudo rsnapshot daily
```

per il backup giornaliero, oppure

```
sudo rsnapshot weekly
```

per quello settimanale.

Notifica dei backup

Andiamo un po' oltre creando uno script in bash chiamato *snapback* che invii all'amministratore una mail con l'esito del backup, dal momento che *rsnapshot* non prevede questa funzionalità.

Per prima cosa installiamo, se non lo abbiamo già fatto, il pacchetto *mailutils* che contiene i comandi necessari per inviare mail da linea di comando:

```
sudo apt-get install mailutils
```

Ed ora ecco lo script:

```
#!/bin/bash
# snapback - Backup con rsnapshot
# by steno 2008-2010

# variabili
MAILTO="sbsadmin@stenoit.com"
MAIL="/usr/bin/mail"
logfile="/var/log/rsnapshot.log"
device="/dev/sdb1"
bckiniz=`date`
bckdel=`date +"%A - %d/%b/%Y"`
# Directory di backup montata
volume="/snapshots"

# tmp files
mailfile="/tmp/rsmailfile"
tmplog="/tmp/tmprslog"

# controlla i parametri
if [ $# = 0 ] || ([ $1 != 'daily' ] && [ $1 != 'weekly' ])
 then
   echo "uso: snapback {daily|weekly}"
   exit;
fi;

# memorizza data e ora di inizio backup
bckiniz=`date`;
bckdel=`date +"%A - %d/%b/%Y"`;

# controlla se il volume di backup e' montato
if mount | grep "on ${volume} type" > /dev/null
 then
   ismount=1;
 else
   ismount=0;
fi

# Se è correttamente montato esegui lo snapshot:
if [ $ismount = 1 ]
```

```
then
   # crea il backup snapshot :)
   /usr/bin/rsnapshot $1
fi

# memorizza data e ora di fine backup
bckfine=`date`;

if [ $ismount = 1 ]
 then
   # estrai log giornaliero ( formato 30/MAR/2008 )
   cat /var/log/rsnapshot.log | tr A-Z a-z | grep `date +"%d/%b/
%Y"` > $tmplog

   # crea la mail di report
   {
   echo "Backup snapshot report - ($1) - "$bckdel;
   echo "";
   echo "Inzio backup : "$bckiniz;
   echo "Fine  Backup : "$bckfine;
   echo "";

   # stampa le linee del log con "completed" o "error".
   egrep "completed|ERROR" $tmplog;
   echo "---------------------------";
   echo " Uso del disco :";
   echo "---------------------------";

   # stampa uso del disco di backup
   /usr/bin/rsnapshot du
   echo "";
   /bin/df -h $device
   echo "";
   echo "---------------------------";
   echo "log generato da snapback";
   echo
   } > $mailfile
else
   # Crea la mail di errore per unità non montata
   {
   echo "Backup snapshot report - ($1) - "$bckdel;
   echo "";
   echo "Inzio backup : "$bckiniz;
   echo "Fine  Backup : "$bckfine;
   echo "";

   echo "-------------------------------------------";
   echo " ERRORE !";
   echo "";
   echo " L'unita' di backup $volume ";
   echo " non e' stata montata correttamente ";
   echo "-------------------------------------------";
   echo "";
```

```
   echo "log genarato da snapback";
   echo
 } > $mailfile
fi

# Invia la mail di report
$MAIL -s "Backup snapshot report - ($1)" $MAILTO < $mailfile

# Rimuovi i file tmp
rm -f $tmplog
rm -f $mailfile
```

Lo script, se il volume di backup è correttamente montato (*$ismount=1*), lancerà autonomamente *rsnapshot* e al termine invierà una email a *sbsadmin@stenoit.com* di questo tipo:

```
Backup snapshot report - (daily) - Thursday — 04/set/2010

Inzio backup : sab 4 set 2010, 00:15:01 CEST
Fine  Backup : sab 4 set 1010, 01:41:59 CEST


----------------------------
 Uso del disco :
----------------------------
du -csh /snapshots/daily.0/ /snapshots/daily.1/ /snapshots/daily.2/
    /mnt/snapshots/daily.3/ /snapshots/daily.4/ /snapshots/daily.5/
    /snapshots/weekly.0/

114G    /snapshots/daily.0/
3.9G    /snapshots/daily.1/
43G     /snapshots/daily.2/
4.7G    /snapshots/daily.3/
2.8G    /snapshots/daily.4/
2.1G    /snapshots/daily.5/
5.2G    /snapshots/weekly.0/
175G    total

Filesystem              Size  Used Avail Use% Mounted on
/dev/sdb1               232G  175G   46G  80% /mnt/snapshots


----------------------------
log generato da snapback
```

con eventuali errori, la durata del backup, l'occupazione disco delle varie *snapshots* (generato dal comando *rsnapshot du*) e con lo spazio residuo/occupato sul supporto removibile ottenibile manualmente con in comando:

```
dh -h /dev/sdb1
```

Se il volume di backup non è montato riceveremo una mail di errore:

```
Backup snapshot report - (daily) - sabato — 04/set/2010
Inzio backup : sab 4 set 2010, 14.58.36, CEST
Fine  Backup : sab 4 set 2010, 14.58.36, CEST
```

```
----------------------------------------
ERRORE !

L'unita' di backup /snapshots
non e' stata montata correttamente
----------------------------------------

log genarato da snapfs
```

Schedulazione

Ora non ci resta che impostare *crontab* per schedulare l'esecuzione dei nostri backup. Lanciamo il comando :

```
sudo crontab -e
```

e impostiamo :

```
# backup con rsnapshot
01 00 * * 1 /usr/bin/snapback weekly
15 00 * * 1-6 /usr/bin/snapback daily
```

Il lunedì, dunque, a differenza degli altri giorni, prima della snapshot giornaliera (*daily*) viene eseguita quella settimanale (*weekly*), che mette da parte *daily.5* prima che venga eliminata.

Conclusioni

Le snapshot create sono di facile gestione, il restore dei dati è una banale copia da disco a disco, la data di creazione delle directory (daily.0, daily.1, ecc) ci indica sempre la data del salvataggio.

Con supporti capienti potremmo anche pensare di attivare la funzione *monthly* per avere salvataggi mensili o *hourly* per avere più snapshot durante la giornata.

Insomma, ognuno di noi dovrebbe porsi la domanda:

Quanto valgono i miei files ?

Che significa che il tempo e la spesa per fare un backup dei dati deve essere proporzionata alla importanza degli stessi.

13

Instant Messaging Server

Negli ultimi anni un sistema di *Messaggistica Istantanea* è diventato importante anche in una azienda. La possibilità offerta agli utenti di scambiarsi messaggi in tempo reale risulta molto apprezzata, sia in rete locale, sia in internet, sia che i nostri interlocutori dispongano di un PC, sia che dispongano di un dispositivo mobile con servizi IM abilitati, come potrebbe essere un cellulare o palmare di recente generazione.

Molto spesso un servizio di questo genere è offerto alle aziende incluso in valide soluzioni Groupware proprietarie e a pagamento (Notes, Exchange, Groupwise, ecc.), oppure da fornitori esterni gratuiti (Google, Yahoo, Skype, ecc.) che però hanno il problema, quest'ultimi, di essere legati ad una connessione internet permanente, pena l'interruzione del servizio.

E allora perché non creare il nostro *Server IM* privato e completo di integrazione con la nostra base utenti su LDAP? E' proprio quello che faremo utilizzando *Jabber*, un protocollo di Instant Messaging libero, gratuito e ampiamente diffuso.

La babele dei formati

Addentrandoci in questo mondo non possiamo non imbatterci in una vera e propria babele di sigle e implementazioni per realizzare un servizio di *Instant Messaging*: AIM, ICQ, IRC, MSN, Gtalk, Gadu-Gadu, Yahoo!, Sametime, Skype, Jabber. E sicuramente ne abbiamo dimenticata qualcuna.

Per scremare la lista dei candidati allora fissiamo il nostro obiettivo:

Voglio un sistema di messaggistica libero e gratuito, ma senza dover scendere a compromessi, senza dover subire la pubblicità di chissà quale "multinazionale della messaggistica", senza dover dare informazioni a proposito della propria vita, senza dover essere maggiorenni, o americani inglesi francesi russi, senza dover dare un contatto mail sicuramente spammato, senza una marea di n00b che si divertono con i loro nick colorati a inviare le loro catene di ogni santo gli venga in mente.

Voglio che sia privato e integrato con il sistema di autorizzazione utenti aziendale basato su PAM e LDAP e che supporti i messaggi a utenti off-line.

Con queste pretese abbiamo spazzato via praticamente tutti i pretendenti, con l'eccezione di uno: **JABBER**.

Il software basato su *Jabber/XMPP* è libero e standardizzato, è usato anche da Google per il suo servizio *Gtalk*, chiunque può "tirar su" un server. E' diffuso su migliaia di macchine disseminate su internet e usato quotidianamente da milioni di persone. Esistono server pubblici e privati che interagiscono tra loro, e in teoria basta un unico utente su di un qualsiasi server e immediatamente posso comunicare con qualsiasi altro utente ovunque sia registrato. Questa caratteristica di "decentralizzazione" lo rende molto simile in effetti ad un comune servizio email. In più, caratteristica unica, attraverso i *gateway* possiamo anche comunicare con utenti di altre reti tipo ICQ e MSN.

Ma a noi tutto questo interessa relativamente, noi realizzeremo un server *privato*, con registrazioni chiuse che accetti connessioni dalla nostra rete privata (ed eventualmente dai nostri utenti *mobili*) che sfrutti la base utenti/password esistente per l'autenticazione.

Esistono diverse implementazioni per realizzare la parte server di Jabber, noi ne vedremo un paio, useremo sia *Jabberd2*, il pacchetto storico creato inizialmente da Jeremie Miller (il creatore del protocollo) nel lontano 2000 e oggi giunto alla versione 2, che *OpenFire*, una soluzione multipiattaforma, user friendly, basata interamente su java e molto semplice da installare e da gestire.

Jabberd2

Iniziamo con *Jabberd*, un progetto che fornisce una implementazione server open-source dei protocolli XMPP/Jabber per l'instant messaging e il routing XML. L'obiettivo di questo progetto è quello di fornire un ser-

ver scalabile, affidabile, efficiente e estensibile che possa fornire un set completo di funzioni aggiornate con le ultime revisioni del protocollo.
Jabberd2 è la nuova generazione del server jabberd riscritto da zero in C++ per una maggior efficienza e scalabilità.

Installazione

Installiamo, dunque, la versione del pacchetto che comprende il necessario supporto a LDAP e mySQL:

```
sudo apt-get install jabberd2
```

LDAP verrà usato per autenticare gli utenti, MySQL come *Data Storage* in alternativa a *sqlite, PostgreSQL* o *BerkeleyDB*.

In aggiunta alle caratteristiche di default fornite da Jabberd2, aggiungiamo anche il componente opzionale *mu-conference* (*Multi User Conference, muc*) che permette di fare, in modo del tutto simile ai *channels* di IRC, delle conversazioni con più di due utenti contemporaneamente.
Questo componente non è presente nei repository standard di Ubuntu, dobbiamo dunque scaricarne il sorgente e compilarlo da noi.

Posizioniamoci in una directory vuota, eseguiamo il download:

```
wget http://download.gna.org/mu-conference/mu-conference_0.8.tar.gz
```

e scompattiamo l'archivio:

```
tar zxvf ./mu-conference_0.8.tar.gz
```

al termine entriamo nella cartella *mu-conference_0.8/src* creata dal comando precedente ed editiamo il file *Makefile* per abilitare il supporto a MySQL. In questo modo *muc* scriverà nel database le *rooms,* che è il nome con cui Jabberd2 chiama le chat/conferenze.

Per fare questo basta togliere il commento dalla seconda riga (commentando poi la prima) :

```
CFLAGS:=$(CFLAGS) -O2 -Wall -I../../lib -I../include `pkg-config
--cflags glib-2.0` -D_JCOMP -D_REENTRANT -DLIBIDN -DHAVE_MYSQL
```

e dalla quinta commentando la quarta:

```
LIBS:=$(LIBS) -ljcomp -lm `pkg-config --libs glib-2.0` `pkg-con-
fig --libs gthread-2.0` -lexpat -lidn `mysql_config --libs`
```

ora ritorniamo alla directory "padre" ma prima di poter lanciare la compilazione dobbiamo installare il necessario:

```
sudo apt-get install build-essential pkg-config libexpat1-dev li-
bglib2.0-dev libidn11-dev libmysqlclient15-dev
```

Ora siamo pronti: da *mu-conference_0.8* digitiamo:

```
make
```

La compilazione dura poco, al termine copiamo i files eseguibili prodotti al loro posto cambiandone il nome:

```
sudo cp ./src/mu-conference /usr/sbin/jabberd2-muc
sudo cp ./muc-default.xml /etc/jabberd2/muc.xml
```

Configurazione

La configurazione di Jabberd2 è abbastanza articolata, bisogna porre particolare attenzione alla sintassi dei suoi file di configurazione, commettere errori di battitura è molto facile e pregiudicherebbe il corretto funzionamento del servizio.

I file di configurazione di *Jabberd2* sono in formato *xml* e ne esiste uno per ogni "componente" (o "plugin", o "servizio") che usiamo. Jabberd2 ne fornisce cinque di base a cui ne abbiamo aggiunto noi uno manualmente (*muc, Multi User Conference*). Dei "componenti" di base a noi ne serviranno solo tre a cui aggiungeremo, appunto, il nostro *muc*.

Jabberd2 supporta diversi "formati" o "schemi" per l'autenticazione degli utenti e per la memorizzazione dei dati, in questo caso useremo *PAM* per l'autenticazione (e quindi LDAP) e MySQL come database dove salvare le sessioni di chat e le *"roster"* (la lista dei contatti) degli utenti.

DNS e nomi del server

Dobbiamo innanzitutto decidere il nome del nostro server IM e fare in modo che questo sia risolvibile dal DNS. Nel nostro caso ci servono due nuovi nomi :

- ✔ *im.stenoit.com* -> server IM chat
- ✔ *rooms.stenoit.com* -> server IM muc per le conferenze multiutente

Come abbiamo visto nel capitolo 5 riguardante DNS/DHCP, basta inserirli nel file */etc/dnshost*.

```
192.168.20.1 sbs im rooms mail stenoit.com
```

In questo modo il DNS risolverà i nostri nuovi nomi host. Ricordiamoci di modificare anche la tabella DNS del nostro provider se vogliamo accedere al servizio anche dall'esterno.

MySQL

Nel capitolo 7 abbiamo installato MySQL, ora dobbiamo creare le tabelle e il database per Jabberd2. Per fare questo ci viene fornito un comodo *dump* che lo fa automaticamente.
Scompattiamo il file con il dump SQL:

```
sudo gzip -d /usr/share/doc/jabberd2/db-setup.mysql.gz
```

Colleghiamoci al database server :

```
sudo mysql -uroot -p
```

ed eseguiamolo creando il database *jabberd2* e le tabelle necessarie:

```
\. /usr/share/doc/jabberd2/db-setup.mysql
```

Aggiungiamo le tabelle di *muc*. Il percorso del file del dump necessario varia in funzione di dove abbiamo scaricato/compilato *muc,* nel nostro caso la home dell'utente *sbsadmin*:

```
use jabberd2
\. /home/sbsadmin/mu-conference_0.8/mu-conference.sql
```

Creiamo ora un utente *"jabber"* con password *"pwdjab"* utilizzato poi da Jabberd2 per accedere al database:

```
GRANT ALL PRIVILEGES ON jabberd2.* TO 'jabber'@'localhost' IDEN-
TIFIED BY 'pwdjab' WITH GRANT OPTION;
```

con il comando *"quit"*, possiamo ora lasciare l'interfaccia di MySQL.

PAM

Configuriamo *PAM* fornendo le necessarie regole per l'autenticazione creando il file:

```
sudo nano /etc/pam.d/jabberd
```

e scrivendoci questo :

```
#%PAM-1.0
auth          sufficient    pam_ldap.so
auth          required      pam_unix.so nullok
account       sufficient    pam_ldap.so
account       required      pam_unix.so
```

openSSL

Per crittografare la conversazione creiamo una chiave SSL. Questo passaggio non è obbligatorio ai fini del funzionamento del servizio, ma opportuno per dare un po' di sicurezza, specie se vogliamo fare in modo che utenti "mobili" esterni si colleghino al server.

Ricordiamoci che la chiave generata in questo modo è *"self-signed"*, cioè *auto firmata* e dunque non rilasciata da un ente apposito autorizzato. Questo in genere produce un messaggio di avviso nel client durante il collegamento che tuttavia potremo facilmente disattivare.

Generazione chiave

Per generare la chiave spostiamoci in */etc/jabberd2* e digitiamo il comando:

```
sudo openssl req -new -x509 -newkey rsa:1024 -days 3650 -keyout pkey.pem -out imkey.pem
```

Ci viene richiesta una *passphrase* per la chiave privata ed in seguito le informazioni pubbliche riguardo il nostro pseudo "ente" certificatore. Inseriamone una momentaneamente. La cosa veramente importante è inserire il *Common Name* che dovrebbe corrispondere al nostro dominio. Nel nostro esempio *im.stenoit.com*.

Rimuoviamo la *passphrase* dalla nostra chiave privata (digitando la *passphrase* di prima) :

```
sudo openssl rsa -in pkey.pem -out pkey.pem
```

combiniamo chiave pubblica e privata in un singolo file ed eliminiamo la chiave privata che non ci serve più:

```
sudo cat pkey.pem >> imkey.pem
sudo rm pkey.pem
```

e per finire diamo i giusti permessi alla chiave appena creata:

```
sudo chown jabber /etc/jabberd2/imkey.pem
sudo chmod 640 /etc/jabberd2/imkey.pem
```

Il nostro certificato è pronto.

Jabberd2

Arriviamo dunque al nostro *Jabberd2*. Ogni componente ha un suo file di configurazione in formato XML in */etc/jabberd2*.

Session Manager - sm.xml

Il file *sm.xml* configura il componente *Session manager,* uno *"strato"* software tra il *router* (vedi dopo) e i componenti esterni (s2s, c2s, muc ...). Di seguito evidenziamo i punti su cui intervenire.

Nome del server

Il nome deve essere "*vero*", dunque deve essere risolto dal DNS.

```
<!-- Our ID on the network. Users will have this as the domain part of
     their JID. If you want your server to be accessible from other
     Jabber servers, this ID must be resolvable by DNS.s
```

```
          (default: localhost) -->
    <id>im.stenoit.com</id>
```

Utente e password *router*

Dobbiamo specificare una coppia utente/password per collegarci al componente *router di Jabberd2*. Cambiamo la password standard *"secret"* con *"pwdjab"*, importante è che si usi, poi, sempre la stessa:

```
<!-- Username/password to authenticate as -->
    <user>jabberd</user>        <!-- default: jabberd -->
    <pass>pwdjab</pass>         <!-- default: secret -->
```

Certificato SSL

Abbiamo creato un certificato, qui digitiamone il percorso:

```
<!-- File containing a SSL certificate and private key to use when
     setting up an encrypted channel with the router. If this is
     commented out, or the file can't be read, no attempt will be
     made to establish an encrypted channel with the router. -->

    <pemfile>/etc/jabberd2/imkey.pem</pemfile>
```

Database

Vogliamo usare MySQL come storage, e qui lo specifichiamo (il default è Berkeley DB) impostandolo come driver. Inoltre inseriamo utente e password usati da jabberd per accedere allo stesso :

```
<!-- Storage database configuration -->
  <storage>
    <!-- By default, we use the MySQL driver for all storage -->
    <driver>mysql</driver>

<!-- Database username and password -->
    <user>jabber</user>
    <pass>pwdjab</pass>
```

Utente amministratore

Non è obbligatorio, ma comunque definiamo l'utente che sarà amministratore. Jabberd2 dispone di una complessa configurazione per le ACL (Access Control List):

```
<!-- The JIDs listed here will get access to all restricted
     functions, regardless of restrictions further down -->
  <acl type='all'>
    <jid>sbsadmin@im.stenoit.com</jid>
  </acl>
```

Identità server

Inseriamo il nome del nostro Server IM, facendo solo attenzione a **non usare caratteri accentati**:

```
<!-- Service identity. these specify the category, type and name
     of this service that will be included in discovery information
     responses. -->
  <identity>
    <category>server</category>      <!-- default: server -->
    <type>im</type>                  <!-- default: im -->
    <name>StenoIT IM server</name>   <!-- default: Jabber IM server -->
  </identity>
```

Creazione automatica utenti

Nel nostro caso PAM effettua l'autenticazione degli utenti, ma lo stesso utente deve anche esistere sul database *jabberd*. Per questo, allora, dobbiamo fare in modo che gli utenti vengano creati *automaticamente* sul database al primo accesso:

```
<!-- User options
  <user>

    <!-- By default, users must explicitly created before they can start
         a session. The creation process is usually triggered by a c2s
         component in response to a client registering a new user.
         Enableing this option will make it so that a user create will be
         triggered the first time a non-existant user attempts to start
         a session. This is useful if you already have users in an
         external authentication database (eg LDAP) and you don't want
         them to have to register. -->

    <auto-create/>
```

Client to Server component - c2s.xml

Come il nome lascia presagire, questo componente regola la comunicazione tra il server e i clients jabber. La sua configurazione viene messa a punto con il file *c2s.xml*.

Utente e password *router*

Anche questo componente deve interfacciarsi con il *router* di jabberd2, specifichiamo dunque la stessa coppia utente/password di prima:

```
<!-- Username/password to authenticate as -->

    <user>jabberd</user>      <!-- default: jabberd -->
    <pass>pwdjab</pass>       <!-- default: secret -->
```

Identificativo del server

Anche qui dobbiamo specificare il nome del server risolto dal DNS come nel file *sm.xml*. Inoltre, in un Server IM pubblico, di norma si permette agli utenti di registrarsi, ma nel nostro caso rimuoviamo l'attributo *"register-enable"* dalla riga per disabilitare questa funzione dal momento che i nostri utenti esistono già nel nostro albero LDAP. Attenzione anche all'attributo *"realm"*: usando l'autenticazione PAM devo impostarlo con una stringa vuota altrimenti il sistema tenterebbe di autorizzare l'utente aggiungendoci l'ID del server. In pratica, nel caso l'utente fosse *"tecnico1"*, PAM ricercherebbe l'utente *"tecnico1@im.stenoit.com"* restituendo dunque un errore in fase di autenticazione. Gli attributi *"pemfile"*, *"verifi-mode"* e *"require-starttls"* indicano che vogliamo stabilire una connessione protetta con i clients.

```
<id realm=''
    pemfile='/etc/jabberd2/imkey.pem'
    verify-mode='7'
    require-starttls='true'
    instructions='Specifica utente e password per collegarsi'
>im.stenoit.com</id>
```

Certificato SSL

Come sopra. Attenzione che dobbiamo indicarlo in due posti, per il *router* e per i *clients* che usano il vecchio protocollo.

```
<!-- File containing a SSL certificate and private key to use when
     setting up an encrypted channel with the router. If this is
     commented out, or the file can't be read, no attempt will be
     made to establish an encrypted channel with the router. -->
    <pemfile>/etc/jabberd2/imkey.pem</pemfile>


<!-- Local network configuration -->
    <pemfile>/etc/jabberd2/imkey.pem</pemfile>
```

Autenticazione utenti

Definiamo ora lo schema di autenticazione per gli utenti: abbiamo detto che useremo PAM, le alternative possibili sono *db* (Berkeley), *mysql* o *postgre* :

```
<!-- Authentication/registration database configuration -->
  <authreg>
    <!-- Backend module to use -->
    <module>pam</module>
```

Router component - router.xml

Il *Router* è il componente cruciale: è il *"backbone"* del server Jabberd2. Attraverso di esso i vari componenti comunicano tra di loro assolvendo le loro funzioni. La sua configurazione viene fatta con due files.

router-users.xml

Definiamo le coppie utente/password (nel nostro caso una sola) con cui gli altri componenti si collegano al router. Mettiamoci quanto specificato prima:

```
<!-- This is the list of known router users, and their authentication
     secrets. Access control is done via the settings in router.xml -->
```

```
<users>
  <user>
    <name>jabberd</name>
    <secret>pwdjab</secret>
  </user>
</users>
```

router.xml

Ancora una volta la password:

```
<!-- Shared secret used to identify legacy components (that is,
     "jabber:component:accept" components that authenticate using
         the "handshake" method). If this is commented out, support for
         legacy components will be disabled. -->

  <secret>pwdjab</secret>
```

e il certificato SSL :

```
<!-- File containing a SSL certificate and private key for
     client connections. If this is commented out, connecting
         components will not be able to request a SSL-encrypted
         channel. -->

    <pemfile>/etc/jabberd2/imkey.pem</pemfile>
```

Server to Server component - s2s.xml

Vista la natura "privata" del nostro server questo componente non ci serve. Si occupa delle comunicazioni tra server e server che ci permetterebbe, volendo, di entrare nell'universo Jabber.

Attenzione, "privato" non significa che non possiamo connetterci da internet al nostro server, ma significa solo che con un account qui configurato non possiamo comunicare direttamente con un generico user jabber registrato ad esempio su *jabber.linux.com* e viceversa. Collegandoci al nostro server potremmo solo chattare con altri utenti dello stesso.

Tuttavia se volessimo interagire con altri utenti registrati su server Jabber diversi (ad esempio utenti *Google gtalk*, molto comuni anche su devices mobili come i *Blackberry*), dovremmo attivare e configurare anche questo componente. La struttura è molto simile agli altri file, dovremo fornire il certificato, la password per il *router* e per il *resolver* (vedi sotto).

Resolver - resolver.xml

Questo componente è legato al precedente *s2s.xml* ed è necessario solo se volessimo usare la comunicazione tra servers jabber. Osservando il file noteremo ancora una volta una struttura comune, in cui specificare password per il router e certificato ssl.

Multi User Conference - muc.xml

Come abbiamo visto questo non è un componente "standard" di Jabberd2 ma è interessante perché ne estende le funzionalità permettendo di comunicare/chattare in più utenti insieme con un meccanismo che ricorda i *channels* di IRC (qui chiamate *rooms*).

Per prima cosa dobbiamo creare manualmente le directory dove verranno salvate le *rooms* :

```
sudo mkdir /etc/jabberd2/rooms
```

muc.xml

La configurazione viene fatta con il file *muc.xml* molto simile ai precedenti che abbiamo visto:

Cominciamo dal nome del server (deve essere risolvibile dal DNS):

```
<name>rooms.stenoit.com</name> <!--the jid of your component -->
<host>rooms.stenoit.com</host> <!--should be the same as above-->
```

La solita password per il router e il solito certificato (da aggiungere) :

```
<secret>pwdjab</secret>

<!-- secret shared with the jabber server -->
<pemfile>/etc/jabberd/imkey.pem</pemfile>
```

E vari altri parametri quali le directory di spool create prima, il *PID*, il percorso dei files di log e l'utente amministratore:

```
<spool>/etc/jabberd2/rooms</spool>

<!-- directory containing the rooms data -->

<logdir>/var/log/jabberd2</logdir>
<!-- directory containing the debug log
 (the file is called mu-conference.log) →
<pidfile>/var/run/jabberd2/mu-conference.pid</pidfile>

<sadmin>
  <user>sbsadmin@im.stenoit.com</user>
</sadmin>
```

per poi finire con i parametri per il collegamento al database:

```
<mysql>
  <user>jabber</user>
  <pass>pwdjab</pass>
  <database>jabberd2</database>
```

```
<host>localhost</host>
</mysql>
```

Abbiamo finito.

Avvio del servizio

I vari servizi di jabberd2 sono pilotati dai file di avvio che troviamo in:

```
/etc/jabberd2/component.d
```

uno per ogni plugin.

```
/etc/jabberd2/component.d/10router
/etc/jabberd2/component.d/20resolver
/etc/jabberd2/component.d/30sm
/etc/jabberd2/component.d/40s2s
/etc/jabberd2/component.d/50c2s
```

Disabilitiamo *s2s* e *resolver*, che nel nostro caso non servono, e abilitiamo il nuovo *muc* creando la variabile. Per farlo basta editare il file:

```
sudo nano /etc/default/jabberd2
```

e nel nostro caso risulterà:

```
RESOLVER_RUN=0
S2S_RUN=0
MUC_RUN=1
```

Creiamo, ora il file di avvio per il servizio *muc* che, dal momento che lo abbiamo installato manualmente, ne è sprovvisto. Per farlo semplicemente ne duplichiamo un esistente:

```
sudo cp /etc/jabberd2/component.d/50c2s /etc/jabberd2/component.d/60muc
```

e modifichiamolo impostando la prima riga con:

```
NAME=muc
```

e la riga con il test della variabile poco più sotto:

```
# exit now if we are not ment to run
test "${MUC_RUN}" != 0 || exit 0
```

Ora basta riavviare il servizio vero e proprio:

```
sudo /etc/init.d/jabberd2 restart
```

Accesso dall'esterno

Per consentire l'accesso al nostro server messaging ad utenti mobili che si connettono dall'esterno attraverso internet, dobbiamo inserire delle regole specifiche sul nostro Firewall. Possiamo usare le macro di Shorewall inserendo in */etc/shorewall/rules* :

```
Jabberd(ACCEPT)        net     $FW
JabberPlain(ACCEPT)    net     $FW
JabberSecure(ACCEPT)   net     $FW
```

Openfire

Dopo l'ubriacatura derivante dalla articolata, ma istruttiva, configurazione necessaria per Jabberd2, riavvolgiamo il nastro e dedichiamoci ad una soluzione server alternativa sempre open-source ma sviluppata in java. *Openfire* è, a differenza di quanto abbiamo visto in precedenza, incredibilmente facile da installare e amministrare, offrendo comunque sicurezza e prestazioni. Il software è sviluppato da *Igniterealtime*, una comunità Open Source composta da utenti finali e sviluppatori di tutto il mondo interessati a presentare una soluzione innovativa, standard e aperta per la "Real Time Collaboration" aziendale. A dimostrazione della bontà del progetto basti pensare che la parte Instant Messaging di *Zimbra*, un sistema open-source moderno ed innovativo per la gestione della messaggistica e la collaborazione alternativo a prodotti del calibro di Microsoft Exchange, deriva direttamente da Openfire.

Installazione

Abbiamo detto che Openfire è sviluppato in Java, quindi per prima cosa dobbiamo installare l'ambiente runtime di Sun/Oracle nella versione 6. Ubuntu di default ora usa l'implementazione java OpenJDK che in questo caso non ci va bene. Abilitiamo, dunque, i repository "partner" e installiamo l'implementazione java ufficiale:

```
sudo nano /etc/apt/sources.list
```

e togliamo il commento (#) dalle seguenti righe:

```
deb http://archive.canonical.com/ lucid partner
deb-src http://archive.canonical.com/ lucid partner
```

Ora aggiorniamo la lista dei pacchetti ed installiamo la *jre* di Sun/Oracle:

```
sudo apt-get update
sudo apt-get install sun-java6-jre
```

accettando, ovviamente, le condizioni di licenza e le eventuali modifiche alla configurazione che ci vengono proposte.

Scarichiamo ora direttamente dal sito di *Igniterealtime* il binario in formato *deb,* al momento in cui scrivo è la versione 3.6.4. Attenzione al comando seguente che deve sempre essere su di una riga:

```
wget http://www.igniterealtime.org/downloadServlet?
filename=openfire/openfire_3.6.4_all.deb -O openfire_3.6.4_all.deb
```

Se ci sono difficoltà andate direttamente sul sito e procedete al download. Un volta terminato non ci resta che installarlo:

```
sudo dpkg -i openfire_3.6.4_all.deb
```

Avvio del servizio

Al termine il servizio verrà avviato automaticamente. Se abbiamo necessità di riavviarlo basta il semplice comando:

```
sudo /etc/init.d/openfire restart
```

Configurazione

Openfire è abbastanza flessibile nelle possibilità di configurazione, può tranquillamente essere installato come server standalone senza nessun servizio accessorio prerequisito: dispone di un proprio database interno e del suo sistema di autenticazione. Nel nostro caso, però, ci spingeremo più in là, perché vogliamo usare MySQL come database di base del servizio e naturalmente OpenLDAP o in alternativa Active Directory come sistema di autenticazione degli utenti, in linea con quanto fin qui proposto in questo libro. Vediamo dunque come raggiungere il nostro obiettivo punto per punto.

MySQL

Nel capitolo 7 tra le altre cose abbiamo installato il servizio MySQL, ora creiamo un database e il relativo utente *"openfire"* che possa essere utilizzato dal nostro servizio IM.

Iniziamo dal database "openfire" digitando, quando richiesta, la password definita nel capitolo 7 in fase di installazione di MySQL:

```
mysqladmin create openfire -u root -p
```

e terminiamo con l'omonimo utente dedicato con password *"openpwd"*. Colleghiamoci al server:

```
mysql -u root -p
```

Creiamo l'utente:

```
GRANT ALL PRIVILEGES ON openfire.* TO 'openfire'@'localhost'
IDENTIFIED BY 'openpwd' WITH GRANT OPTION;
```

ed usciamo:

```
exit
```

Autenticazione LDAP esterna

Dicevamo che la base utenti del nostro servizio IM debba essere integrata con il servizio LDAP aziendale. Anche qui, come abbiamo visto più volte nel corso di questa guida, abbiamo le due possibilità rappresentate da OpenLDAP o Active Directory. Vediamo inizialmente come preparare l'ambiente.

openLDAP

Per evitare che tutta l'intera struttura LDAP venga coinvolta restringiamo l'accesso di Openfire ad una unica OU nella fattispecie la seguente:

```
ou=Users,dc=stenoit,dc=com
```

dobbiamo quindi creare una nuova OU al suo interno che contenga i gruppi appositi che verranno usati poi da Openfire.

Per semplificare la cosa usiamo *phpldapadmin* installato sempre nel capitolo 7. Da un PC della rete puntiamo il nostro browser su:

```
http://sbs.stenoit.com/phpldapadmin
```

vedendo:

inseriamo la password (nel nostro esempio *ldappwd*) e dovremmo vedere il nostro albero LDAP completo:

Apriamo la *ou=Users* e creiamo la *Organisational Unit (ou)* chiamata *OpenfireGroups* e al suo interno i *Posix Group (cn)* con relativi utenti membri a cui intendiamo fornire il servizio IM.
Alla fine dovremmo ottenere qualcosa del genere:

L'uso di *phpldapadmin* è abbastanza intuitivo e non dovremmo incontra-re problemi di sorta in questa fase.

Active Directory

Anche qui, come nel caso di OpenLDAP, è preferibile creare una struttura a parte per evitare che OpenFire legga anche gruppi e utenti predefiniti di gestione del dominio. Ad esempio creando una OU=SBS dedicata allo scopo:

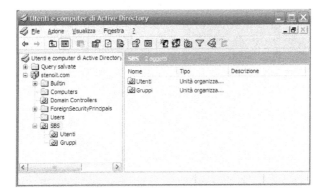

Openfire leggerà utenti e gruppi solo all'interno di questa unità organizzativa.

Openfire

E veniamo alla configurazione di Openfire stesso. Dal nostro browser accediamo alla sua interfaccia amministrativa:

```
http://sbs.stenoit.com:9090
```

la prima volta ci verranno richiesti una serie di parametri. Iniziamo con lo scegliere la lingua appropriata (l'italiano purtroppo non c'è) ad esempio *English*:

Premiamo sul bottone *"Continue"* e proseguiamo con i *"Server Settings"* impostando il nome del nostro server con *im.stenoit.com*. Ricordiamoci che il nome DEVE essere risolto dal nostro DNS pena un errore al termine della procedura di configurazione. Lasciamo pure invariate le porte utilizzate.

Proseguendo ci viene richiesta la configurazione del database utilizzato da Openfire: dopo aver selezionato *"Standard Database Connection"* scegliamo MySQL come driver e compiliamo i campi come segue, specificando anche la corretta password *"openpwd"* :

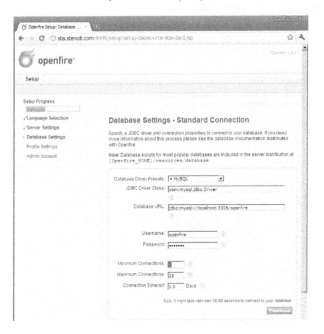

L'altra opzione è *"Embedded Database"* che utilizza, come il nome lascia intuire, il database interno di Openfire. Essendo questo sprovvisto di una interfaccia amministrativa a basso livello è preferibile, ove possibile, l'utilizzo di uno standard aperto e documentato come MySQL agevolando operazioni di manutenzione e backup.

Proseguendo ancora ci viene posta la domanda su quale supporto debbano essere memorizzati i profili utente, gruppi e le relative passwords. Tralasciando la *"Clearspace Integration"* che non è qui di nostro interesse ci restano due scelte:

"Default" utilizza il database impostato nel punto precedente e permette una completa libertà di gestione e creazione di utenti e gruppi attraverso l'interfaccia amministrativa di Openfire. Se il servizio di IM è marginale e non integrato con altri, potrebbe essere una soluzione valida.

"Directory Server (LDAP)" invece integra Openfire, come abbiamo già puntualizzato, con un sistema di autenticazione esterno come OpenLDAP o Active Directory. Il vantaggio qui è quello intuibile di poter utilizzare la stessa coppia utente/password degli altri servizi aziendali ma

pone limiti alla gestione dall'interfaccia amministrativa di Openfire come l'impossibilità di creare da qui nuovi utenti, gruppi e di offrire la possibilità di registrazioni esterne alla nostra realtà aziendale. Ogni utente dovrà essere preventivamente creato nell'albero LDAP.

Abbiamo già detto che questa sarà la nostra scelta e quindi dopo la selezione ci verranno richiesti i parametri LDAP:

Vediamo entrambi i casi.

OpenLDAP

Il tipo di server sarà "*OpenLDAP*" inseriamo i seguenti parametri:

Host	localhost
Base DN	ou=Users,dc=stenoit,dc=com
Administrator DN	cn=admindc=stenoit,dc=com

Openfire cercherà gli utenti partendo da questo ramo dell'albero e scendendo su di esso. Possiamo, prima di proseguire, testarne il funzionamento attraverso il pulsante "*Test Settings*".

Proseguendo con la configurazione nella pagina successiva, *"User Mapping"* lasciamo i valori proposti invariati accettando quanto proposto di default. Anche qui possiamo testarne il funzionamento e proseguire con la sezione *"Group Mapping"* in cui devo impostare il campo *"Member Field"* con *memberUid*. Openfire scoverà la lista dei gruppi nella "ou" che abbiamo creato prima ricavandone anche la lista degli utenti membri per ognuno di essi.

Ecco quanto dovremmo vedere nella maschera di impostazione. Anche qui possiamo e dobbiamo testarne il funzionamento con l'apposito pulsante ottenendo la lista dei gruppi che abbiamo creato nella OU *"OpenfireGroups"* e il numero dei relativi membri.

Active Directory

Con il tipo di server *"Active Directory"* la cosa è molto simile, inseriamo, nel nostro caso i seguenti parametri:

Host	sbswin.stenoit.com
Base DN	ou=SBS,dc=stenoit,dc=com
Administrator DN	cn=administrator,cn=users,dc=stenoit,dc=com

Anche qui possiamo testarne il funzionamento.

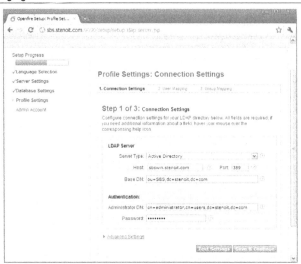

Nella pagina successiva relativa allo "User Mapping" impostiamo *"sAMAccountName"* nel campo *"Username Field"* e *"{displayName}"* nel campo *"Name"* del *"Profile Field"* come mostrato in figura:

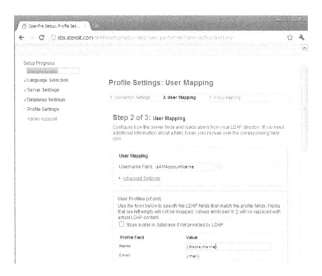

Nella schermata successiva, quella relativa al "Group Mapping", possiamo accettare quanto ci viene proposto di default e proseguire.

Indipendentemente dal server LDAP che abbiamo scelto, l'ultima informazione che ci viene richiesta è quale o quali account abbiano privilegi amministrativi. Aggiungiamo l'utente *"administrator"* o qualunque altro che, attenzione, *appartenga alla OU che ho impostato nella ricerca.*

A questo punto possiamo terminare la fase di configurazione.

Se tutto è filato liscio dovremmo vedere la maschera che ci indica che il processo di Setup è terminato correttamente invitandoci a connettersi alla console amministrativa.

Questa non vuole essere una guida completa ad Openfire, ci limiteremo a qualche nozione di base, tipo la configurazione dei gruppi al fine di poter impostare con semplicità i *"roster"* degli utenti del servizio IM e l'installazione dei plugin disponibili online per espandere le sue funzionalità. La gestione è abbastanza intuitiva, se ci fossero comunque delle altre problematiche consiglio di rivolgersi ai forum di supporto disponibili online.

Vediamo dunque come compilare automaticamente la lista degli utenti. Colleghiamoci all'interfaccia amministrativa e andiamo nella sezione *"Users/Groups".* Dovremmo vedere qualcosa di simile:

La stellina gialla indica l'utente collegato in amministrazione, l'iconcina verde a fianco di "tecnico1" indica che l'utente e collegato in chat. Ricordiamoci ancora una volta che avendo scelto di utilizzare OpenLDAP per l'autenticazione, non possiamo creare nuovi utenti e gruppi da qui. Infatti cliccando su *"Create New User"* otteniamo un messaggio di errore:

I nuovi utenti li dobbiamo creare sul nostro dominio come abbiamo visto nel capitolo 8, e saranno immediatamente disponibili anche in chat.

Selezionando "Groups" dovremmo vedere quanto segue:

Quelli che vediamo non sono i gruppi standard presenti nel dominio, ma sono quelli creati con phpldapadmin qualche pagina più su nella ou=OpenfireGroups, e sono i gruppi logici in cui divideremo gli utenti del nostro servizio IM e che compariranno nella lista contatti (roster) degli utenti stessi.

Clicchiamo ad esempio sul gruppo "Tecnico":

e selezioniamo *"Enable contact list group sharing "* per condividere i contatti del gruppo con "*Share group with additional users*" e *"All users"*.

Cosa è successo? Semplice, abbiamo già creato la lista contatti degli utenti. Infatti se selezioniamo *"Users"*, seguito da *"tecnico1"* e *"Roster"* vedremo quanto segue:

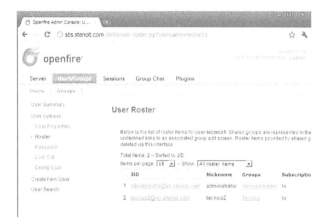

Oppure dal client Windows PSI:

Estremamente comodo, anche perché una gestione così semplificata dei Roster con Jabberd2 era praticamente impossibile da ottenere.

Configurazione del Client

Terminata la duplice parte server dedichiamoci ora ai clients e all'integrazione con la nostra struttura aziendale.

A questo punto, essendo il server funzionante e operativo, basterebbe installare e configurare un qualsiasi client che supporti XMPP/Jabber su ogni PC della rete a cui vogliamo abitare il servizio IM.

Tuttavia, sfruttando il File Server visto nel capitolo 8, possiamo evitarlo potendo gestire centralmente dal server la distribuzione del client e della configurazione.

PSI

Esistono molti software client per Jabber, noi useremo *PSI*, principalmente per i seguenti motivi:

- ✔ E' sviluppato con le QT4: questo significa, se ne avessi bisogno, *multipiattaforma*.
- ✔ E' mono protocollo: E' un client *jabber e basta*, e questo ci va bene dal momento che non vogliamo vengano usati canali chat alternativi.
- ✔ E' trasportabile: questo significa che, in ambiente Windows, può essere usato anche senza essere installato. Questo è fondamentale per noi dal momento che metteremo PSI e i suoi file di configurazione su una cartella condivisa del server per essere usato dai clients.
- ✔ E' completo. Se osserviamo la lista dei client disponibili per Jabber, non possiamo non notare la sua posizione privilegiata.

Roster

Come abbiamo visto, Jabber chiama *roster* la lista dei contatti. Se abbiamo optato per *Jabberd2* come soluzione server non abbiamo le possibilità di gestione centralizzata fornite invece da *Openfire*. Per ridurre questa limitazione possiamo fare in modo che ogni utente *al primo collegamento* popoli il proprio roster con una lista contatti aziendale di default. Per ottenere questo risultato dobbiamo creare un file di template e modificare il Session Manager (il file sm.xml) :

Cominciamo dal template, partendo da quello di esempio:

```
sudo nano /etc/jabberd2/templates/roster.xml
```

eccone uno spaccato :

```
<!-- This is the roster template. If enabled in sm.xml, new users will
     get this roster by default. -->

<query xmlns='jabber:iq:roster'>
  <item name='Antonio' jid='antonio@im.stenoit.com' subscription='both'>
    <group>Commerciale</group>
  </item>
  <item name='Lucia' jid='lucia@im.stenoit.com' subscription='both'>

    <group>Commerciale</group>
```

```
</item>
<item name='Sergio' jid='sergio@im.stenoit.com' subscription='both'>
    <group>Tecnico</group>
</item> </query>
```

Come vediamo i contatti si possono anche dividere in comodi gruppi. Al *primo collegamento* (solo al primo!) l'utente prenderà questa lista e la inserirà nel proprio *roster*.

In questo file inseriremo tutti gli utenti aziendali, in questo modo non avranno bisogno di autorizzarsi a vicenda, poi, per comunicare attraverso la chat.

Ora modifichiamo il file del Session Manager per far sì che questo template venga distribuito agli utenti:

```
sudo nano /etc/jabberd2/sm.xml
```

poi togliamo il commento dalla sezione apposita specificando il percorso del file di template che abbiamo creato:

```
<!-- If you defined publish, you should comment <roster> -->
<roster>/etc/jabberd2/templates/roster.xml</roster>
```

non dimenticandoci di riavviare il servizio dopo la modifica. Purtroppo, come abbiamo ben capito, aggiunte o modifiche successive alla lista contatti non possono essere realizzate centralmente ma solo autonomamente da ogni utente.

Installazione del client

La procedura è un po' laboriosa. Il fatto che abbiamo deciso di centralizzare la gestione di PSI non significa che non c'è del lavoro da fare: per ogni utente che andremo ad abilitare c'è una procedura manuale da compiere prima di poterlo far collegare la prima volta.

1. Eseguiamo la normale installazione di *PSI* su di un client Windows che verrà usato come "modello".
2. Lanciamo il client
3. Creiamo un account (uno di quelli messi sul template *roster.xml*). Ricordo che gli utenti esistono già, e sono memorizzati sull'albero LDAP, quindi dobbiamo usare un utente *esistente* nel dominio.
4. Configuriamo a puntino PSI come ci sembra debba essere il default ottimale per ogni utente.
5. Sulla configurazione account l'unica cosa a cui bisogna prestare attenzione è il flag obbligatorio in *Ignore SSL warnings* sulla TAB *Connection*: altrimenti i nostri utenti riceveranno sempre un

messaggio di avvertimento durante il collegamento dato che il certificato SSL che abbiamo generato è *self signed*.

A questo punto dovremmo avere il *modello* configurato e pronto per essere utilizzato. La configurazione è stata salvata in *c:\documents and settings\<user>\PsiData*.

Continuiamo con la configurazione:

6. Sul server creiamo la directory */samba/apps/psi* dove metteremo il client. Per gli utenti Windows questo percorso risulterà essere *X:\PSI*.
7. Trasferiamo tutto il contenuto di *c:\programmi\psi* dal PC usato per creare il modello, nella cartella *X:\PSI*.
8. Creiamo *x:\psi\psidata* che conterrà le configurazioni degli utenti suddivise per cartella.
9. Per ogni utente da abilitare creiamo una cartella personale in questo percorso. Il nome *deve corrispondere al nome utente*. Ad esempio: *x:\psi\psidata\user1*
10. Copiamo il contenuto di c:\documents *and settings\<user>\PsiData* generata prima in *x:\psi\psidata\user1*
11. Editiamo il file *x:\psi\psidata\user1\profiles\default\config.xml* e modifichiamo la sezione con tag *<accounts>* per far corrispondere i dati al nostro user1.
12. Ripetiamo i punti 9,10 e 11 per ogni utente a cui concederemo i servizi di messaging.

Avvio del client

PSI di default memorizza i dati nel profilo locale dell'utente sul PC. Noi non vogliamo che sia così, vogliamo il PC pulito e le configurazioni centralizzate sul server. Per variare il percorso utilizzato da PSI bisogna definire una variabile di ambiente *PSIDATADIR* con il valore interessato.

Il modo più semplice per farlo senza intervenire manualmente su ogni host della rete è quello di usare il file *logon.pl* che genera lo script di logon personalizzato per ogni utente del dominio (vedi capitolo 8).
Editiamo dunque il file :

```
sudo nano /etc/samba/logon.pl
```

Creiamo in testa una nuova variabile che contenga gli utenti da abilitare al servizio messaging:

```
$JABBER = "-user1-user2-user3-";
```

e aggiungiamo la nostra regola in fondo, ricordando che *$ARGV[0]* contiene il nome dell'utente che esegue il logon.:

```
# JABBER su PC
if (index($JABBER,"-".lc($ARGV[0])."-") >=0)
 {
   print LOGON "set PSIDATADIR=\\\\SBS\\APPS\\psi\\psidata\\$ARGV[0]\r\n";
   print LOGON "start \\\\SBS\\APPS\\PSI\\PSI.EXE\r\n";
 }
```

Al prossimo collegamento al server gli utenti specificati avranno PSI configurato e avviato con la lista contatti già disponibile.

In questo modo artigianale abilitare e disabilitare un utente risulta abbastanza semplice per l'amministratore, basterà preparare i file di configurazione e aggiungere il nome utente interessato alla variabile *$JABBER*.

Facciamolo, ad esempio, per l'utente *tecnico1,* senza nemmeno "toccare" il suo PC:

- ✔ creiamo *x:\psi\psidata\tecnico1* clonandone una esistente di un altro utente
- ✔ sistemiamo il file *config.xml* con i dati di *tecnico1*
- ✔ aggiungiamo *tecnico1* nella variabile *JABBER* nel file *logon.pl*
- ✔ diciamo a *tecnico1* di scollegarsi e ricollegarsi al dominio

Fatto. Si dia il via alle chat.

14

Fax Server

Ricordo un decennio fa (o forse più) quando illustri personaggi profetizzarono la scomparsa dei fax dai nostri uffici entro qualche anno al massimo.

"La email ucciderà il fax, antiquato e oramai superato metodo di trasmissione delle informazioni".

Non mi pare sia successo, almeno in Italia. Il motivo è banale, è il metodo più economico sia per certificare l'identità della persona o azienda che ci sta inviando qualcosa, sia per avere una ricevuta che conferma l'invio di una comunicazione scritta ad un destinatario.

Vediamo, allora, come installare un servizio di invio e ricezione Fax sul nostro server.

Hylafax

Quando si parla di servizi fax in ambiente Linux non si può non pensare a *Hylafax:* senza dubbio il pezzo da novanta su questa piattaforma (e non solo) per quanto riguarda questo genere di servizi.

Inizialmente sviluppato da SGI, è un prodotto molto interessante, potente e scalabile. Usa un protocollo di comunicazione client/server molto simile a FTP e, configurandolo a dovere, è possibile spedire/ricevere fax utilizzando il proprio PC personale senza acquistare dei dispositivi fax commerciali.

Hylafax si prenderà in carico i documenti da spedire, tentando di inviarli per un numero predefinito di volte (nel caso le prime spedizioni non vanno a buon fine a causa di numero occupato o di altri errori). Naturalmente, è possibile spedire solo dei files, e non dei fogli stampati, a meno che non si proceda all'acquisizione degli stessi mediante uno scanner. La soluzione risulta perciò molto adatta per la spedizione di documentazione o informazioni, ma non per la spedizione di documenti firmati.

Possono essere spediti tutti i documenti prodotti da programmi che hanno le funzionalità di stampa e da quelli che possono produrre files in formato PostScript, PDF o testo.

Sono possibili, inoltre, numerose configurazioni che permettono ad esempio di ricevere la risposta all'invio del fax tramite e-mail, eventualmente allegando anche l'immagine .tif o pdf del fax inviato.

Se si vorrà, poi, sarà anche responsabile della ricezione dei fax in arrivo, gestendo la risposta alla chiamata dal fax remoto, ricevendo i dati, e producendo un file (in formato definibile tra molti standard) che potrà essere poi letto dagli utenti in rete.

E' possibile utilizzare più linee telefoniche, specificando quali dedicare alla spedizione e/o ricezione dei fax, con priorità e altro.

Sono molte altre le possibilità offerte da questo prodotto, tra cui estrapoliamo le seguenti anche se non verranno tutte trattate in questo capitolo :

- eseguire un fax broadcasting (ossia, inviare lo stesso fax a più destinatari con una sola operazione);
- ricevere per mail i fax (allegati alla mail stessa);
- spedire per mail i fax (vengono spediti gli allegati);
- consegnare i fax in automatico all'interno della rete;
- stampare in automatico i fax ricevuti.
- disponibilità del client praticamente per ogni piattaforma.

Modem

Ovviamente abbiamo bisogno di almeno un modem. Sono molti i modelli supportati, interni ed esterni, ISA o USB. Tuttavia sono preferibili i modelli esterni seriali, sia perché è possibile collegarne molti, sia perché maggiormente supportati e più facili da gestire anche solo con la possibilità di osservare i LED luminosi e le loro indicazioni.

Hylafax può utilizzare dei fax modem di classe 1, 2, 2.0 e 2.1 che presentano tra di loro delle importanti differenze specie tra la classe 1 e le restanti 2 e 2.x.

Nei modem di classe 2, 2.0 e 2.1, al loro interno un apposito chip gestisce la comunicazione, dunque il server o il computer in genere a cui il modem è collegato, non gestisce direttamente la trasmissione o la ricezione del fax ma la demanda al device hardware.

Di contro i modem di classe 1, invece, sono generalmente più economici e non contengono hardware interno specifico per l'invio di fax. Con devices di questo tipo, quindi, è il server che controlla la trasmissione e se dunque la CPU del computer sta eseguendo altri processi mentre viene spedito o ricevuto un messaggio fax, è possibile che con dispositivi di classe 1 non vengano rispettati i tempi fondamentali per una buona trasmissione e/o ricezione. In questo caso la trasmissione fax potrebbe fallire o interrompersi.

Tutto questo ci fa capire che se il carico di lavoro dovesse essere ingente e su più linee è sempre buona cosa utilizzare modem di classe 2, 2.0 e 2.1 o usare una macchina dedicata dotata di buona potenza. In caso contrario sono preferibili i più semplici modem di classe 1.

Installazione

L'installazione non presenta particolari difficoltà. Hylafax è presente nei repository standard di Ubuntu e quindi installiamolo così:

```
sudo apt-get install hylafax-server hylafax-client
```

Configurazione

Configurazione generale

Dalla console digitiamo:

```
sudo faxsetup
```

Questo farà partire lo script di configurazione in cui, se non si hanno esigenze particolari, occorre inserire solo pochi parametri tra quelli richiesti, lasciando ai valori di default gli altri.
Vediamo quelli più importanti:

```
CountryCode: 0039
```

che indica il prefisso internazionale dell'Italia

```
AreaCode: 02
```

il proprio prefisso (qui è stato indicato quello di Milano)

```
FAXNumber: 20304050
```

il proprio numero della linea telefonica utilizzata per ricevere i fax

```
RingsBeforeAnswer: 5
```

il numero di squilli prima della risposta in automatico alla ricezione dei fax

```
SpeakerVolume: on
```

o *off* se non si vuole sentire il modem quando viene utilizzato

```
LocalIdentifier: "Stenoit Corporation"
```

intestazione che appare sui fax inviati.

Configurazione del/dei modems

Appena terminata la configurazione generale *faxsetup* lancia automaticamente *faxaddmodem* per configurare, appunto, il primo modem.

Ci sarà possibile configurare in seguito ulteriori modem con il comando:

```
sudo faxaddmodem ttyS0
```

dove *ttyS0* indica, ad esempio, un modem collegato alla porta COM1, *ttyS1* alla porta COM2 eccetera. Generalmente, il modem e le sue caratteristiche vengono rilevate in automatico.

I parametri da inserire sono praticamente gli stessi del settaggio generale di Hylafax visto prima, e comunque basta lasciare le impostazioni di default per quasi tutti i parametri variando solo quelli per noi interessanti, quali, ad esempio, il numero massimo di pagine ricevibili (*MaxRecvPages*).

Importanti sono le due stringe successive che consentono di utilizzare il comando X3, per non attendere il segnale di linea per comporre il numero, e di comporre un eventuale numero per uscire da un centralino (ad esempio lo "0")

```
ModemResultCodesCmd: ATQ0X3
ModemDialCmd: ATDP0,%s
```

Il risultato della configurazione di un modem è un file *config.ttyS0* (o *config.ttyS1* ecc... per le altre porte COM) presente nella directory */etc/hylafax*. E' un normale file di testo e come tale possiamo editarlo e modificarlo a piacimento:

```
sudo nano /etc/hylafax/config.ttyS0
```

Se il modem non viene rilevato dal programma di setup è possibile configurarlo con i files presenti in */var/spool/hylafax/config* relativi ai modem più' comunemente utilizzati. Ad esempio, se il modem è un *class1* collegato sulla *ttyS1*, le procedure da compiere sono le seguenti:

```
cd /var/spool/hylafax/config
cp class1 /etc/hylafax/config.ttyS1
cd /etc/hylafax
sudo nano config.ttyS1
```

e procedere con la configurazione manuale.

Ricezione FAX

Per fare in modo che Hylafax possa anche ricevere i fax è necessario configurarlo affinché venga usato *faxgetty*. Editiamo il file:

```
sudo nano /etc/default/hylafax
```

e togliamo il commento dalla riga evidenziata (attenzione, esistono due occorrenze del parametro, selezioniamo il secondo):

```
# In a send/receive installation you must use faxgetty.
#
# To use faxmodem change the following variable value to "no".
#
# You may also run faxmodem/faxgetty via inittab instead of
# running it here from a script. In this case set its value as
# "init".
USE_FAXGETTY=yes
```

Dopo il riavvio del servizio *faxgetty* prende in gestione il nostro modem restando anche in attesa dei fax in arrivo.

Utenti e permessi

La gestione degli utenti e dei relativi permessi in Hylafax può seguire la sua via oppure essere anch'essa integrata con PAM e quindi LDAP. Vediamole entrambe, anche perché l'autenticazione nativa di Hylafax può essere preferibile in molti casi per semplificare magari invii automatici attraverso programmi esterni.

Autenticazione nativa

Dobbiamo farla manualmente e possiamo seguire tre strade:

1. Aggiungere nel file */etc/hylafax/hosts.hfaxd* gli indirizzi IP da cui ci si può collegare a Hylafax server (come standard è indicato 127.0.0.1, ossia l'indirizzo relativo all'accesso dalla macchina server stessa);

2. Utilizzare il comando *faxadduser*: ad esempio, per inserire l'utente *user1* con password *pwduser1*, occorre eseguire il comando

```
sudo faxadduser -p pwduser1 user1
```

3. Aprire alla *democratica anarchia*: permettere a tutti i pc della rete di inviare fax. In */etc/hylafax/hosts.hfaxd* basta aggiungere la *magic string*:

```
^.*@.*$
```

che, utilizzando le wildcards, abilita qualsiasi utente da qualsiasi indirizzo. Diamo come acquisito il fatto che il firewall non permetta l'accesso dall'esterno ai servizi fax sulla porta 4559 utilizzata da Hylafax.

Autenticazione PAM

Se invece vogliamo usare la base utenti aziendali e obbligare il client ad autenticarsi prima di accedere al servizio non dobbiamo fare nulla dal momento che questo è il comportamento di default quando viene installato Hylafax.

Avvio del servizio

Hylafax è costituito da tre servizi fondamentali:

1. **faxq** : utilizzato per processare la coda di uscita (scheduler)
2. **hfaxd** : implementa il protocollo *simil-ftp* per la comunicazione client server
3. **faxgetty** : si occupa di dialogare con i modem.

Per riavviare Hylafax procediamo come di consueto;

```
sudo /etc/init.d/hylafax restart
```

N.B. Possiamo notare che Ubuntu copia i file di configurazione modificati in */etc/hylafax* nelle directory appropriate automaticamente, ad esempio :

```
/etc/hylafax/hosts.hfaxd → /var/spool/hylafax/etc/hosts.hfaxd
```

Gestione e uso

Vediamo alcune cose utili da sapere per poter amministrare in modo basilare questo servizio.

Struttura della directory

Hylafax crea una sua struttura di directory dove memorizza i suoi dati. Vediamo le più importanti:

/var/spool/hylafax/etc/

Contiene i files di configurazione, tra cui il *config.ttyS0* visto prima. Tuttavia con Ubuntu *non bisogna mai modificare i file direttamente su questa directory*. Dobbiamo agire sui file in **/etc/hylafax**. Come abbiamo già detto, durante l'avvio del servizio sarà Ubuntu a copiare i file nella locazione standard di Hylafax.

/var/spool/hylafax/sendq/
Contiene i fax in attesa di essere inviati. Importante notare un file speciale chiamata *seqf* che contiene il progressivo di invio fax incrementato da Hylafax.

/var/spool/hylafax/recvq/
Contiene i fax ricevuti in formato TIFF. Anche qui troviamo il file *seqf*.

/var/spool/hylafax/doneq/
Contiene i report dei fax spediti con successo

/var/spool/hylafax/docq/
Contiene i fax spediti in formato PS (postscript) o PDF.

/var/spool/hylafax/log/
Contiene tutti i log dei fax inviati e ricevuti

Comandi Utili

Ecco anche qualche comando utile di manutenzione e reportistica.

faxstat

Possiamo avere utili informazioni dal comando *faxstat*. Digitato senza parametri ci mostra lo stato del servizio, altrimenti possiamo specificare i seguenti parametri:

-d: visualizza i job completati
-r: visualizza i job relativi ai fax ricevuti
-s: visualizza i job relativi ai fax in attesa di essere inviati
-f: visualizza la lista di tutti i fax convertiti in PS o PDF
-i: mostra delle informazioni aggiuntive sul server

faxrm

Per rimuovere un fax in invio possiamo usare il comando *faxrm* specificando il numero identificativo dello stesso ottenuto con *faxstat -s*

faxcron

Se vogliamo un report completo dei fax inviati e ricevuti possiamo usare il comando *faxcron* ottenendo il risultato a video. Potremmo inviare il risultato via email a *sbsadmin*:

```
faxcron | mail -s "Report di HylaFAX" sbsadmin
```

Tuttavia Hylafax è già configurato per questo, inviando mensilmente un rapporto all'utente *faxmaster*. Quindi è opportuno definire un alias in modo che sbsadmin riceva anche queste email:

```
sudo nano /etc/aliases
```

inseriamo:

```
faxmaster:    sbsadmin
```

e facciamo un refresh degli alias:

```
newaliases
```

Manutenzione

Durante l'installazione di Hylafax, Ubuntu predispone già lo stretto necessario per una basilare manutenzione di sistema. Nel dettaglio possiamo notare che crea due script *hylafax*, uno in */etc/cron.weekly* (e quindi eseguito settimanalmente) e l'altro in */etc/cron.monthly* (eseguito con cadenza mensile).

Possiamo darci una occhiata editandoli:

```
sudo nano /etc/cron.weekly/hylafax
sudo nano /etc/cron.monthly/hylafax
```

Oltre alla generazione di un report (mensile) inviato via email a faxmaster possiamo notare l'uso del comando (settimanale) *faxqclean* che elimina i fax spediti più vecchi di 35 giorni dal disco liberando spazio.

Invio Fax

Per inviare i fax possiamo sia utilizzare la linea di comando che un client grafico.

Linea di comando

E' possibile inviare un fax da shell utilizzando il comando *sendfax*. Se i documenti sono in formato PS o TIFF, *sendfax* li passa direttamente al fax server, mentre per tutti gli altri formati è necessaria una conversione in PS o TIFF. Hylafax converte in modo automatico i files di testo ASCII, i documenti in PDF (Portable Document Format) e le immagini in formato SiliconGraphics (.sgi, .rgb, .bw, .icon). Il supporto per tutti gli altri formati può essere aggiunto facilmente specificando le regole di conversione nel file */etc/hylafax/typerules*. Vediamo qualche esempio:

```
sendfax -n -d <numerofax> file
sendfax -n -d <numerofax> -d <numerofax2> file
```

```
sendfax -n -a "now + 30 minutes" -d <numerofax> file
sendfax -n -D -A -t 3 -d <numerofax> file
sendfax -n -h modem@host:4559 -d <numerofax> file
```

dove:

-n: non spedisce alcuna pagina di copertina
-d: numero di fax del destinatario
-t: numero di tentativi falliti prima di cancellare il fax
-D: abilita la notifica via mail della corretta trasmissione del fax
-h: forza il *job* ad essere processato su un host specifico e, opzionalmente, usando un particolare modem.

Client Hylafax

Ai programmi che necessitano di spedire fax utilizzando Hylafax viene richiesto solo la funzionalità di stampa su file Postscript; il file generato può essere poi gestito da HylaFAX per la successiva spedizione.

I programmi client per Windows possono stampare in Postscript utilizzando un driver di stampa opportuno utilizzando sempre il metodo della stampante-fax per la spedizione dei messaggi, ovvero prevedono una stampante virtuale per inviare i documenti al fax server.

Il driver consigliato per la stampa è quello della *Apple Laserwriter* che fornisce un postscript standard (oppure possiamo usare anche la sua variante a colori se ce ne fosse la necessità). In questo modo possiamo spedire tutti i documenti prodotti da programmi che hanno funzionalità di stampa. Al momento della stessa il client automaticamente apre una finestra che consente di inserire i dati necessari all'inoltro (tipicamente il numero di fax del destinatario e la possibilità di inviare una cover).

Una lista esaustiva dei front-end è consultabile all'url :

```
http://www.hylafax.org/content/Desktop_Client_Software
```

tra cui segnalo lo storico *WHFC* e quello realizzato personalmente qualche anno fa dal sottoscritto *Frogfax* che alle funzionalità fax aggiunge quelle di invio mail. Maggiori informazioni sono reperibili all'indirizzo http://www.frogfax.com.

Ricezione dei Fax

I fax ricevuti vengono memorizzati in */var/spool/hylafax/recvq*.

Per consultare i fax ricevuti da un qualunque elaboratore in rete locale è possibile usare uno dei client menzionati oppure condividere la directory tramite samba.

Terminata la ricezione il fax server esegue lo script (personalizzabile)

```
/var/spool/hylafax/bin/faxrcvd
```

che normalmente deposita il fax in una directory stabilita.

Fax-to-Email Gateway

Anziché condividere la directory con i fax ricevuti, possiamo inviarli ad uno (o più) destinatari via email in formato PDF. Editiamo il file:

```
sudo nano /var/spool/hylafax/bin/faxrcvd
```

e impostiamo:

```
SENDTO=user1,user2
FILETYPE=pdf
```

Da ora in avanti *User1* e *User2* riceveranno, allegati ad una mail, tutti i fax in formato PDF.

AvantFax

Sviluppata dai manutentori ufficiali di Hylafax, *iFax Solutions Inc.*, AvantFax è una piacevole interfaccia AJAX che fornisce al nostro Fax Server un comodo client web 2.0.

Con questo programma PHP, possiamo spedire, ricevere, inoltrare e archiviare fax comodamente seduti al PC, utilizzando il browser web da qualsiasi postazione. Insomma, perché alzarsi e andare al fax, quando AvantFax ce lo porta direttamente nella finestra del nostro browser?

Installazione

Purtroppo AvantFax non è presente nei repository di Ubuntu, quindi lo dobbiamo prelevare direttamente dal sito ed installare manualmente.

Andiamo in una directory prestabilita (la nostra */home/sbsadmin* va bene), scarichiamo il software (al momento in cui scrivo la versione è la 3.3.3) e scompattiamolo:

```
wget http://surfnet.dl.sourceforge.net/sourceforge/avantfax/avantfax-3.3.3.tgz
tar zvxf avantfax-3.3.3.tgz
cd avantfax-3.3.3
```

Avantfax dispone di uno script di installazione per *Debian,* con qualche piccola modifica possiamo usarlo per automatizzare l'installazione anche su Ubuntu:

```
sudo nano /home/sbsadmin/avantfax-3.3.3/debian-prefs.txt
```

e modifichiamo i seguenti valori :

```
# The domain name for configuring email to fax
FAXDOMAIN=fax.stenoit.com
```

```
# if the MySQL password for root is set, specify it here
ROOTMYSQLPWD=admin
```

Abbiamo specificato il nome del dominio e la password dell'utente root di MySQL.

Ora modifichiamo lo script di installazione:

```
sudo nano /home/sbsadmin/avantfax-3.3.3/debian-install.sh
```

Togliendo (o commentando) queste righe:

```
# CONFIGURE AVANTFAX VIRTUALHOST

#cat >> /etc/apache2/sites-enabled/000-default << EOF
#<VirtualHost *:80>
#    DocumentRoot $INSTDIR
#    ServerName avantfax
#    ErrorLog logs/avantfax-error_log
#    CustomLog logs/avantfax-access_log common
#</VirtualHost>
#EOF
```

Eseguiamo lo script di installazione che provvederà a tutto quello di cui abbiamo bisogno, compresa l'installazione dei pacchetti necessari e delle dipendenze mancanti.

```
cd /home/sbsadmin/avantfax-3.3.3
sudo ./debian-install.sh
```

Uso di AvantFax

AvantFax è un pacchetto molto interessante, non ci resta che esplorarlo usando la sua comoda interfaccia. Da una macchina nella rete basta puntare a:

```
http://sbs.stenoit.com/avantfax
```

Collegandosi con utente e password di default:

```
Utente: admin
Password: password
```

Dopo il primo accesso ci viene richiesta la modifica della password di amministrazione, finita questa fase possiamo procedere con l'esplorazione del prodotto.

15

VPN Server

Una rete privata tradizionale è formata da linee dedicate e affittate che collega più siti o sedi aziendali diverse insieme. Il problema principale di una soluzione di questo tipo è l'elevato costo di affitto e l'impossibilità di servire utenti mobili, i cosiddetti *"road warrior"*.

Allora, per tagliare i costi di collegamento, perché non utilizzare la onnipresente ed economica rete Internet? Purtroppo una grande pecca utilizzando Internet come mezzo di trasporto è il rischio di intercettazione dei dati da parti non autorizzate. Quando i dati attraversano la Grande Rete devono inevitabilmente essere considerati come fossero di pubblico dominio.

Una rete VPN (*Virtual Private Network*) risolve questo problema. Una VPN instaura un tunnel crittografato tra due punti che mette in sicurezza il traffico dati e che permette, attraverso la rete pubblica, di far interagire due intere reti o singoli PC in tutta sicurezza come fossero collegati con un cavo fisico dedicato.

Anche qui, come per gli altri servizi visti nei capitoli precedenti, esistono diversi prodotti che permettono di realizzare una VPN con Linux. Ognuno di loro presenta vantaggi e svantaggi e generalmente usano protocolli e concetti tra loro profondamente diversi. La materia è parecchio complessa, cercheremo, per quanto possibile, di usare semplici concetti senza addentrarci in spiegazioni sui layer OSI, chiavi simmetriche e asimmetriche o altri argomenti troppo tecnici. Per questo esiste una vasta ed esauriente documentazione reperibile anche on-line. I più curiosi potranno rivolgersi a essa.

OpenVPN

Useremo OpenVPN, progetto veramente molto interessante e incredibilmente versatile:

✔ Usa OpenSSL e può dunque usare tutti i suoi algoritmi di cifratura
✔ è disponibile per tutte le piattaforme software più diffuse (Linux, OSX, Windows ecc.) sia nella parte server che in quella client
✔ supporta l'autenticazione con chiave segreta condivisa, certificati digitali o semplici credenziali utente/password anche integrabili con PAM.
✔ usa una singola porta IP, di default la 1194, rendendo semplice la gestione del firewall
✔ può usare sia UDP che TCP
✔ può funzionare attraverso un server proxy
✔ può integrarsi con il NAT
✔ può inviare comandi di configurazione al client (es. il routing, il server DNS, il default gateway ecc.)

Potremmo continuare, ma quanto evidenziato è già ampiamente sufficiente a far sì che questo prodotto sia adatto ai nostri scopi: permettere ai nostri utenti mobili di collegarsi in modo sicuro alla sede aziendale utilizzando le loro abituali credenziali utente/password e operare (velocità permettendo) come fossero seduti in azienda.
Le possibilità offerte sono davvero tante, noi esamineremo un paio di casi, entrambi della tipologia "road warrior" con autenticazione utente attraverso PAM (e quindi di riflesso LDAP nel nostro caso). La differenza tra le due sarà che la prima utilizzerà anche i certificati digitali, mentre la seconda solo utente e password.

Installazione

OpenVPN è nei repository standard quindi basta un semplice:

```
sudo apt-get install openvpn
```

Certificati

OpenVPN viene fornito con una serie di script che facilitano di molto la creazione dei certificati che ci servono. Copiamoceli nella directory di configurazione:

```
sudo mkdir /etc/openvpn/rsa
sudo cp /usr/share/doc/openvpn/examples/easy-rsa/2.0/* /etc/openvpn/rsa/
cd /etc/openvpn/rsa
```

Per prima cosa dobbiamo modificare il file:

```
sudo nano /etc/openvpn/rsa/vars
```

Popolandolo con i dati di default usati dagli script per creare chiavi e certificati. Io ho inserito questo in fondo lasciando gli altri parametri come stanno:

```
export KEY_COUNTRY="IT"
export KEY_PROVINCE="PN"
export KEY_CITY="Pordenone"
export KEY_ORG="StenoIT"
export KEY_EMAIL="sbsadmin@stenoit.com"
```

Con *"sudo -s"* diventiamo amministratori a tempo indeterminato, fino a quando non digiteremo *"exit"*. E' necessario per eseguire i comandi successivi.
Prepariamo dunque l'ambiente eseguendo (attenzione ai puntini):

```
sudo -s
. ./vars
./clean-all
```

Il comando *". ./vars"* va eseguito ogni volta che accediamo con il terminale al server allo scopo di creare i certificati, mentre il secondo, che elimina tutte le vecchie chiavi e crea la cartella */etc/openvpn/rsa/keys*, solo la prima volta.

Certification Authority

Prepariamo il certificato della nostra personale *Certification Authority* con il comando:

```
./build-ca
```

Possiamo lasciare tutti i valori di default proposti dallo script che alla fine avrà generato i file :

```
/etc/openvpn/keys/ca.crt
/etc/openvpn/keys/ca.key
```

Che corrispondono al certificato e alla chiave della CA.

Certificati e chiavi dei Server

Procediamo con la creazione delle chiavi per il nostro server:

```
./build-key-server sbs
```

Dove *"sbs"* è il nome del nostro server che ci verrà proposto dallo script come *"Common Name"* che, come abbiamo già visto in precedenti capitoli, deve essere univoco. Anche qui lasciamo i default e rispondiamo *"y"* alle richieste di *"Sign"* del certificato. Vengono creati i file:

```
/etc/openvpn/keys/sbs.crt
/etc/openvpn/keys/sbs.key
```

Diffie Hellman

Ora generiamo i parametri *"Diffie Hellman"* che, per farla breve, permettono di negoziare una connessione sicura attraverso un canale insicuro. Questo processo dura un po' di tempo durante il quale vedremo dei puntini danzare sul nostro monitor.

```
./build-dh
```

al termine avremo il file:

```
/etc/openvpn/keys/dh1024.pem
```

Chiave SSL/TLS

Questo è uno scrupolo in più, ci permette di essere sicuri della identità del server a cui ci stiamo connettendo. Generiamo la chiave:

```
openvpn --genkey --secret ta.key
```

ottenendo il file

```
/etc/openvpn/rsa/ta.key
```

Certificati e chiavi dei clients

Siamo pronti a creare i certificati e le chiavi dei clients che si connetteranno al nostro server. Li generiamo senza password dal momento che utilizzeremo l'autenticazione PAM del nostro server.

```
./build-key client1
```

Dove *"client1"* è il nome univoco di un pc/utente che accederà alla nostra rete attraverso la VPN. Come per il certificato del server, *"client1"* verrà proposto come *"Common Name"*. Anche qui lasciamo i valori proposti dallo script e rispondiamo *"y"* alla richiesta di *"Sign"*.
I file creati saranno i seguenti:

```
/etc/openvpn/keys/client1.crt
/etc/openvpn/keys/client1.key
```

Ora, nello stesso modo, posso procedere nella generazione di altri certificati semplicemente ripetendo la procedura:

```
./build-key client2
./build-key client3
```

e così via. Ricordiamoci sempre che i nomi devono essere univoci, una buona tecnica, se sono membri del nostro dominio, è quella di usare il nome netbios e DNS del PC.

Ora possiamo uscire dalla modalità amministratore con un semplice:

```
exit
```

Destinazione dei certificati e delle chiavi

E' sempre difficile ricordarsi cosa fare ora dei file generati. Nel sito di OpenVPN è pubblicata una utile tabellina che mostra cosa servono, a chi servono e se sono o meno da tener segreti. I file definiti segreti non andrebbero inviati al client su canali insicuri (come una comune mail) ma consegnati con altri metodi.

Ecco la tabella riproposta qui come promemoria, in questo modo ci ricorderemo con maggiore facilità il da farsi.

File	A chi serve	Scopo	Segreto
ca.crt	Server e Clients	Certificato root CA	NO
ca.key	Server	Chiave root CA	SI
dh1024.pem	Server	Parametri Diffie Hellman	NO
sbs.crt	Server	Certificato Server	NO
sbs.key	Server	Chiave Server	SI
ta.key	Server e Clients	Server SSL/TLS Auth key	SI
client1.crt	Client1	Certificato Client1	NO
client1.key	Client1	Chiave Client1	SI

Cominciamo dal server, copiando i file al loro posto:

```
sudo cp /etc/openvpn/rsa/keys/dh1024.pem /etc/openvpn/
sudo cp /etc/openvpn/rsa/keys/ca.crt /etc/openvpn/
sudo cp /etc/openvpn/rsa/keys/ca.key /etc/openvpn/
sudo cp /etc/openvpn/rsa/keys/sbs.key /etc/openvpn/
sudo cp /etc/openvpn/rsa/keys/sbs.crt /etc/openvpn/
sudo cp /etc/openvpn/rsa/ta.key /etc/openvpn/
```

Seguendo la tabella posso già individuare quali siano i file che poi dovrò dare anche al *client1* e quali tra essi, qui evidenziati, sono da tenere *"segreti"* :

```
ca.crt
ta.key
```

```
client1.crt
client1.key
```

Concetti fondamentali

Ci eravamo preposti di non addentrarci in argomenti troppo tecnici, ma qualcosa lo dobbiamo sapere su tre concetti fondamentali, anche perché sono quasi il fulcro su cui si basa il tutto.

UDP o TCP ?

OpenVPN può instaurare le comunicazioni usando entrambi i protocolli internet. Non esiste una soluzione migliore in assoluto, esiste solo la soluzione migliore per il tipo di comunicazione che devo instaurare attraverso il tunnel VPN. Per capire vediamo le differenze che intercorrono tra i due protocolli.

UDP non offre nessuna garanzia dell'arrivo dei pacchetti né sul loro ordine di arrivo, al contrario il TCP tramite i suoi meccanismi riesce a garantire la consegna dei dati, anche se al costo di una maggiore mole di dati da scambiare (maggior *overhead*).

TCP è un protocollo orientato alla connessione, pertanto per stabilire, mantenere e chiudere una connessione, è necessario inviare pacchetti di servizio i quali aumentano la quantità di dati scambiati. Al contrario, UDP invia solo i pacchetti richiesti.

L'utilizzo del protocollo TCP rispetto a UDP è, in generale, preferito quando è necessario avere garanzie sulla consegna dei dati o sull'ordine di arrivo dei vari segmenti, come per esempio nel caso di trasferimenti di file. Al contrario UDP viene principalmente usato quando l'interazione tra i due host deve essere veloce è la garanzia di trasmissione non è così fondamentale, pensiamo ad un flusso video in cui è più importante la fluidità rispetto a qualche frame persa.

Nel nostro caso useremo TCP.

TUN o TAP ?

OpenVPN dopo il suo avvio crea una **interfaccia di rete virtuale** su cui opera le sue comunicazioni. Può essere di due tipi, **TUN** o **TAP**. Questi tipi di interfacce sono supportate direttamente dal kernel Linux (e non solo) e su queste OpenVPN basa il suo funzionamento.

Senza entrare troppo nel dettaglio possiamo dire qualcosa sulla differenza sostanziale fra i due tipi di interfaccia.

TUN crea un device *point-to-point* per le comunicazioni di questo tipo (si pensi ad una specie di collegamento modem, volendo forzare un paragone) e instrada *frame di protocollo IP*.

TAP invece crea una vera e propria scheda di rete virtuale su cui vengono instradate *frame ethernet e quindi potenzialmente qualunque protocollo.*

Meglio TUN o TAP allora? Anche qui dipende dalle esigenze, nel nostro caso useremo TAP.

Bridge o Router?

OpenVPN può essere configurata per creare un *Bridge* con la rete remota oppure lasciare le due reti separate ed agire su di loro in *Routing.*

Creando un bridge di fatto *unisco la rete remota e quella locale* che condividono, in questo modo, *lo stesso spazio di indirizzamento.* Nel nostro esempio il device *eth0* verrebbe "fuso" con *tap0* (non posso usare il bridge con devices TUN) in una nuova entità *br0* che diventerebbe la mia scheda di rete virtuale.

Un client in bridge è l'addizione di un client alla rete target della VPN, o in parole più semplici, se configuriamo OpenVPN in bridge, il client remoto, quando connesso, fa parte della rete a cui si collega a livello ethernet, e avrà un indirizzo 192.168.20.x come i nostri PC della rete locale. La principale conseguenza di ciò è che i broadcast raggiungono tutte le macchine (locali e remote), e quindi molti protocolli di rete che basano il loro funzionamento sulla possibilità di effettuare *broadcast* (come ad esempio SMB di Samba) funzionano in maniera trasparente col bridged mode.

Un client in routing, invece, fa parte di un'altra rete, e la VPN "ruota" la rete del client in quella target lasciando le due reti separate a livello ethernet. Nel nostro esempio i clients remoti avranno un indirizzo nella forma 192.168.30.x e saranno separati dai client locali dal router (che nel nostro caso corrisponde al firewall e al server).

Anche qui la scelta di cosa sia meglio usare dipende fortemente dalle esigenze. Si potrebbe pensare che è preferibile il bridged mode, ma di contro si può rispondere che il bridge non scala, non permette una gestione dei privilegi granulare, e la configurazione lato OpenVPN è più complicata. Personalmente tendo a preferire reti *routed* perché più organizzate e meglio gestibili, ed è la soluzione che adotteremo qui.

Configurazione con utente/password e certificati

Dopo aver compreso i concetti fondamentali e disponendo dei certificati e delle chiavi SSL, possiamo procedere con la configurazione vera e propria di OpenVPN, sia per quanto riguarda la parte server che quella client. I parametri possibili sono moltissimi, noi useremo solo lo stretto necessario. In caso contrario, per configurazioni particolari, possiamo consultare la guida che troviamo sul sito ufficiale del progetto.

Iniziamo con il caso più sicuro, quello che prevede utente e password abbinati ai certificati personali per ogni client.

Server

Il file di configurazione del server non esiste ancora, creiamolo così:

```
sudo nano /etc/openvpn/server.conf
```

scrivendoci questo:

```
port 1194
proto tcp
dev tap

ca /etc/openvpn/ca.crt
cert /etc/openvpn/sbs.crt
key /etc/openvpn/sbs.key
dh /etc/openvpn/dh1024.pem
tls-auth /etc/openvpn/ta.key 0
cipher AES-128-CBC

server 192.168.30.0 255.255.255.0
ifconfig-pool-persist ipp.txt
push "route 192.168.20.0 255.255.255.0"
push "dhcp-option DNS 192.168.20.1"
push "dhcp-option WINS 192.168.20.1"
client-to-client
keepalive 10 120
comp-lzo
max-clients 5
user nobody
persist-key
persist-tun
log-append /var/log/openvpn.log
verb 3

# authentication plugin
plugin /usr/lib/openvpn/openvpn-auth-pam.so login
```

La funzione della maggior parte dei parametri è intuibile, come la porta (1194), il protocollo da usare (tcp), il tipo di device (tap) e la parte relativa ai certificati e alla crittografia dei dati.

Con il parametro *server* viene definita la sottorete a cui apparterranno i client remoti, nel nostro caso verrà assegnato loro un indirizzo 192.168.30.x.

Ifconfig-pool-persist memorizza in un file (*ipp.txt*) gli indirizzi assegnati. In questo modo al successivo collegamento del client gli verrà dato lo stesso indirizzo della volta precedente.

I comandi *push* servono per assegnare dei valori alla configurazione della rete del client. Ad esempio viene fornita loro la "route" alla rete interna, il DNS e il server WINS, importante per il funzionamento di Samba.

client-to-client fa sì che i client remoti si vedano tra loro, *comp-lzo* comprime i dati in transito e *max-clients* definisce il numero massimo di connessioni contemporanee.

L'ultima riga è per noi fondamentale: attiva il plugin di autenticazione *PAM* usando il file di configurazione *login* (*/etc/pam.d/login*). In questo modo ai client verrà richiesta la stessa accoppiata utente e password che utilizzano nei normali collegamenti in sede. Ancora Single-Signon insomma.

Ora non mi resta che riavviare il servizio:

```
sudo /etc/init.d/openvpn restart
```

Il nostro server è pronto, diamo una occhiata alle interfacce di rete con:

```
ifconfig
```

Dovremmo vedere anche la nuova interfaccia virtuale *tap0* creata da OpenVPN oltre alle fisiche *eth0* e *eth1*:

```
tap0      Link encap:Ethernet  HWaddr 00:ff:22:8e:de:c6
          inet addr:192.168.30.1  Bcast:192.168.30.255  Mask:255.255.255.0
          inet6 addr: fe80::2ff:22ff:fe8e:dec6/64 Scope:Link
          UP BROADCAST RUNNING MULTICAST  MTU:1500  Metric:1
          RX packets:2283 errors:0 dropped:0 overruns:0 frame:0
          TX packets:1332 errors:0 dropped:0 overruns:0 carrier:0
          collisions:0 txqueuelen:100
          RX bytes:181178 (176.9 KB)  TX bytes:121737 (118.8 KB)
```

Pronta all'uso.

Firewall

Ma non siamo ancora pronti, dobbiamo configurare il firewall affinché gestisca la nostra VPN. In fondo abbiamo una nuova interfaccia e una nuova zona da gestire. Per i dettagli fate riferimento al capitolo 6.

Aggiungiamo dunque la nuova arrivata:

```
sudo nano /etc/shorewall/interfaces
```

in questo modo:

```
#ZONE INTERFACE BCAST   OPTIONS
net    eth0      detect  tcpflags,routefilter,nosmurfs,logmartians
loc    eth1      detect  dhcp,tcpflags,nosmurfs,routeback
vpn    tap0      -       dhcp,tcpflags,nosmurfs,routeback
#LAST LINE -- ADD YOUR ENTRIES BEFORE THIS ONE -- DO NOT REMOVE
```

Proseguiamo con il file delle "zone":

```
sudo nano /etc/shorewall/zones
```

Aggiungendo in fondo la zona "vpn":

```
fw      firewall
net     ipv4
loc     ipv4
vpn     ipv4
```

Creiamo il file per i "tunnels":

```
sudo nano /etc/shorewall/tunnels
```

inserendoci questo:

```
#TYPE                   ZONE    GATEWAY         GATEWAY
#                                               ZONE
openvpnserver           net     0.0.0.0/0
#LAST LINE -- ADD YOUR ENTRIES BEFORE THIS ONE -- DO NOT REMOVE
```

Ora gestiamo il file delle policy di default del firewall, perché comprenda anche il traffico da e verso la nostra nuova zona "vpn":

```
sudo nano /etc/shorewall/policy
```

aggiungiamo, nei punti "giusti" (occhio all'ordine) le seguenti regole evidenziate:

```
loc             net             ACCEPT
loc             $FW             ACCEPT
loc             vpn             ACCEPT
loc             all             REJECT          info

vpn             net             ACCEPT
vpn             $FW             ACCEPT
vpn             loc             ACCEPT
vpn             all             REJECT          info

$FW             net             ACCEPT
$FW             loc             ACCEPT
$FW             vpn             ACCEPT
$FW             all             REJECT          info

net             $FW             DROP            info
net             loc             DROP            info
net             vpn             DROP            info
net             all             DROP            info

all             all             REJECT          info
```

e riavviamo il firewall.

```
sudo shorewall restart
```

Ora il nostro server è veramente pronto.

Client

Il file di configurazione di un client OpenVPN è praticamente identico sia usando Windows piuttosto che Linux o OSX. Quello che cambia è, ovviamente, il front end se ne scelgo uno di grafico, ma se usato da linea di comando condividono tutti tra di loro la sintassi. Nel nostro caso vedremo come configurare un client Windows.

Installazione

Scarichiamo il client più recente (al momento in cui scrivo è il 2.1.3) che funziona anche con Windows Vista e Seven, dall'indirizzo:

```
http://www.openvpn.net/index.php/downloads.html
```

Eseguendo il setup viene creata l'interfaccia di rete virtuale TUN/TAP e viene installato direttamente anche il front end grafico OpenVPN-GUI.

Copiamo i certificati e le chiavi generate prima per il client1 nella cartella:

```
c:\programmi\openvpn\config
```

ricordiamoci quali sono questi file:

```
ca.crt
ta.key
client1.crt
client1.key
```

Lanciamo un editor di testo (il predefinito Notepad va bene) e inseriamo la configurazione del client:

```
client
dev tap
proto tcp
remote 212.239.29.208 1194
resolv-retry infinite
nobind
persist-key
persist-tun

ca ca.crt
cert user1.crt
key user1.key
ns-cert-type server
tls-client
tls-auth ta.key 1
cipher AES-128-CBC

comp-lzo
verb 3
```

```
auth-user-pass
```

Salviamo il file assegnandogli un nome. L'importante è che venga messo nella stessa cartella dei certificati e che abbia estensione *"ovpn"*. Ad esempio chiamiamolo *sbs.ovpn* :

```
c:\programmi\openvpn\config\sbs.ovpn
```

Anche qui, come nel caso del server, la funzione dei parametri è intuibile. *client* indica che si tratta di una configurazione di tale tipo, *remote* indica l'indirizzo del server e la porta da usare per la connessione. Poi ci sono i parametri relativi ai certificati alle chiavi e alla crittografia utilizzata. Importante l'ultima riga, *auth-user-pass*, che indica che voglio utilizzare l'autenticazione con utente e password.

Nel desktop dovreste avere l'icona per lanciare la GUI di OpenVPN. Se avete Windows Vista e UAC abilitato (non dovrebbe mai essere disabilitato se non strettamente necessario) prima di eseguirla, però, dobbiamo impostare che venga eseguita con privilegi amministrativi. Basta cliccare col pulsante destro sull'icona, selezionare *Proprietà->Compatibilità* e spuntare la casella *"Esegui questo programma come amministratore"*.

Quando viene avviato OpenVPN-GUI si posiziona nella tray di Windows: cliccandoci sopra col il tasto destro del mouse dovremmo vedere un piccolo menù con la voce "Connect".

Avviando la connessione ci viene richiesto utente e password: digitiamoli e dopo qualche istante dovremmo essere connessi con un indirizzo 192.168.30.x. Il tunnel è stato instaurato.

Configurazione con solo utente/password

Possiamo semplificare la configurazione sacrificando un pochino la sicurezza, optando per una configurazione che preveda la sola coppia utente/password per il client, senza la necessità di generare per loro anche i certificati e le chiavi univoche. Attenzione però: questa soluzione elimina la necessità di generare i certificati per ogni client, ma comunque avremmo bisogno ugualmente di quello della *Certification Authority (ca.crt)*, e di quelli del server (*sbs.crt e sbs.key*). I file *ca.crt* e *ta.key* (quest'ultimo se usato) dovranno essere poi copiati su ogni client.

La parte firewall e quella relativa all'installazione e all'uso del client rimane invariata.

Server

Ecco allora il nuovo file di configurazione, con evidenziate in fondo le differenze :

```
port 1194
proto tcp
dev tap

ca /etc/openvpn/ca.crt
cert /etc/openvpn/sbs.crt
key /etc/openvpn/sbs.key
dh /etc/openvpn/dh1024.pem
tls-auth /etc/openvpn/ta.key 0
cipher AES-128-CBC

server 192.168.30.0 255.255.255.0
ifconfig-pool-persist ipp.txt
push "route 192.168.20.0 255.255.255.0"
push "dhcp-option DNS 192.168.20.1"
push "dhcp-option WINS 192.168.20.1"
client-to-client
keepalive 10 120
comp-lzo
max-clients 5
user nobody
persist-key
persist-tun
log-append /var/log/openvpn.log
verb 3

# authentication plugin
plugin /usr/lib/openvpn/openvpn-auth-pam.so login
client-cert-not-required
username-as-common-name
```

I due parametri evidenziati indicano rispettivamente che per la connessione non è necessario il certificato del client (*client-cert-not-required*) e che come *Common Name* verrà usato il nome dell'utente anziché quello che sarebbe stato incluso nel certificato del client (*username-as-common-name*).

Il *Common Name* viene utilizzato, tra le altre cose, nei *log* e nel file *ipp.txt* visto prima per memorizzare le associazioni utente-indirizzo IP.

Client

La parte client è semplificata in quanto non è più necessario generare i loro certificati personali. I file da copiare saranno, dunque, solo due e uguali per tutti:

```
ca.crt
ta.key
```

Il file di configurazione rimane pressoché uguale a prima, ma privo, ovviamente, della parte relativa ai certificati del client:

```
client
dev tap
proto tcp
remote 212.239.29.208 1194
resolv-retry infinite
nobind
persist-key
persist-tun

ca ca.crt
ns-cert-type server
tls-client
tls-auth ta.key 1
cipher AES-128-CBC

comp-lzo
verb 3

auth-user-pass
```

Approfondimenti

Una VPN è una soluzione veramente interessante, e OpenVPN, in questo, un vero coltellino svizzero.

Qui abbiamo messo in mostra solo una piccola parte delle possibilità che ci sono offerte, ad esempio non abbiamo minimamente toccato l'argomento *lan-to-lan* che permette non di far collegare singoli utenti (*client-to-lan* o *Road Warriors*) ma bensì intere reti geograficamente distanti.

L'argomento è veramente vasto, ma per i nostri scopi quanto fatto è sufficiente.

16
Conclusioni

Abbiamo fatto un ottimo lavoro. Abbiamo imparato come si realizza un vero *Small Business Server* che risolve brillantemente tutte, e anche qualcuna in più, le tipiche richieste che possono pervenirci ai nostri giorni da parte di una piccola, o anche meno piccola, azienda.

Lo abbiamo fatto utilizzando solo quanto liberamente disponibile a tutti grazie al grande lavoro di volontari, aziende, istituti accademici e non solo, che con la loro grande passione e competenza hanno fatto sì che ciò sia possibile creando degli strumenti software standard, efficienti e liberi, diffondendo, nello stesso tempo, la conoscenza ai quattro angoli del pianeta.

Un mio grazie sincero a tutti quanti loro.

Probabilmente non capiterà spesso di accentrare una tal mole di servizi su di una unica macchina, ma la scalabilità e versatilità di LDAP ci permetterà facilmente di suddividere i compiti tra più server con minime modifiche alle configurazioni viste, rendendo l'infrastruttura di rete maggiormente bilanciata e sicura.

Approfondimenti

Aggiungiamo, per concludere, una lista di links dove potremmo attingere vasta documentazione su quanto abbiamo visto.

Ancora una volta la Grande Rete è la vera grande fonte del sapere a disposizione di tutti noi.

Ubuntu http://www.ubuntu.com
https://help.ubuntu.com/10.04/serverguide/C/index.html
http://www.canonical.com

Debian	http://www.debian.org
Wikipedia	http://www.wikipedia.org/
OpenSSH	http://www.openssh.com/
OpenLDAP	http://www.openldap.org/
Dnsmasq	http://www.thekelleys.org.uk/dnsmasq/doc.html
Shorewall	http://www.shorewall.net/
Apache	http://www.apache.org/
MySQL	http://www.mysql.com/
PHP	http://www.php.net/
Samba	http://www.samba.org
smbldap-tools	http://www.iallanis.info/
ACL Posix	http://www.suse.de/~agruen/acl/linux-acls/online/
LDAP Manager	http://lam.sourceforge.net/
LDAP Admin	http://ldapadmin.sourceforge.net/
MS UsrMgr.exe	http://www.microsoft.com/
Postfix	http://www.postfix.org/
Postgrey	http://postgrey.schweikert.ch/
Amavis	http://www.amavis.org/
	http://www.ijs.si/software/amavisd/
Spamassassin	http://spamassassin.apache.org/
ClamAV	http://www.clamav.net/
Dovecot	http://www.dovecot.org/
Roundcube	http://www.roundcube.net/
Squid	http://www.squid-cache.org/
WPAD	http://en.wikipedia.org/wiki/Wpad
OpenNTPD	http://www.openntpd.org/
Rsnapshot	http://www.rsnapshot.org/
Jabber	http://www.jabber.org
	http://codex.xiaoka.com/wiki/jabberd2:start
	http://www.jabberdoc.com/
MUC	https://gna.org/projects/mu-conference
Openfire	http://www.igniterealtime.org/
PSI	http://psi-im.org/
Hylafax	http://www.hylafax.org/
Frogfax	http://www.frogfax.com/
WHFC	http://whfc.uli-eckhardt.de/
AvantFAX	http://www.avantfax.com/
OpenVPN	http://openvpn.net/

www.ingramcontent.com/pod-product-compliance
Lightning Source LLC
Chambersburg PA
CBHW071417050326
40689CB00010B/1875